季刊 考古学 第13号

特集 江戸時代を掘る

- 口絵（カラー） 江戸の街　都立一橋高校地点
  江戸の街の日常用具　都立一橋高校地点出土遺物
  肥前磁器の流れ
  （モノクロ）江戸の遺跡　大名屋敷
  江戸時代の遺跡　小田原城
  江戸時代の遺跡　富山県桜町遺跡
  江戸時代人の骨

江戸時代の考古学 ──────── 加藤晋平・古泉弘 (14)

近世考古学の諸様相

東京都港区内の江戸時代遺跡 ──────── 鈴木公雄
　　麻布台1丁目遺跡調査団・芝公園1丁目遺跡調査団 (17)
多摩における「近世考古学」事始 ──────── 土井義夫 (25)

江戸の街を掘る

大名屋敷（真砂遺跡） ──────── 小林　克 (28)
武家屋敷（動坂遺跡） ──────── 芹澤廣衛 (32)
寺院（浅草寺） ──────── 荒木伸介 (38)
物資の流れ─江戸の焼塩壺 ──────── 渡辺　誠 (42)
物資の流れ─江戸の陶磁器 ──────── 佐々木達夫 (48)
江戸の街の出土遺物 ──────── 古泉　弘 (51)

江戸時代の遺跡を掘る

　城（小田原城）————————————————塚田順正　(56)
　陣屋（北海道白老・戸切地陣屋跡）————長沼　孝・三浦正人　(61)
　宿場町（富山県桜町遺跡）————————伊藤隆三　(64)
　たたら製鉄————————————————穴沢義功　(67)
　沈没船（開陽丸）————————————藤島一巳　(73)
　肥前磁器の流れ—————————————大橋康二　(75)

江戸時代人の骨————————————————森本岩太郎　(79)

最近の発掘から

　青銅器を多数副葬した弥生墳墓　福岡市吉武高木遺跡——下村　智　(83)
　火葬骨を直葬した近世大名墓　群馬県榊原康政の墓———岡屋英治　(89)

連載講座　古墳時代史

　12．対外関係—————————————————石野博信　(91)

書評————————(97)
論文展望————(99)
文献解題————(101)
学界動向————(104)

表紙デザイン／目次構成／カット
／サンクリエイト

江戸の街
都立一橋高校地点

千代田区東神田にある都立一橋高校内からは、江戸の街並の跡が良好な形で検出された。時期的には17世紀前半から18世紀末までと幅が広く、木質が良好に遺存していたことも特徴的であった。零細な町屋の基礎や、穴蔵の実体などについては、従来ほとんど知られていなかったので、町屋や都市を復元する上で重要な手掛りを得ることができた。

構　成／古泉　弘
写真提供／都立一橋高校内遺跡調査団

調査区西半の遺構群　丸木杭を方形に打ち並べた土蔵の基礎、長方形の墓域の石組み、井戸址、早桶などがみえる。

◀下水溝
木組みの下水溝は長屋の路地を走る「どぶ」であろう。傍には長屋の基礎杭が残っている。

台所の遺構▶
舟板や丸木を組み、その上に簀を敷いている。奥には伏樋で連絡された大小2つの水桶が設置されている。

穴蔵（窖）　常時もしくは緊急時に使用された地下倉庫。『守貞漫稿』には江戸の穴蔵は防水上、木で造ると記されている。

江戸時代中期の墓壙群　何度も掘り替えられた墓壙内に人骨・五輪塔などが散乱している。

江戸の街の日常用具——都立一橋高校地点出土遺物

遺物の出土状態
丸瓦・灯明具・露卯下駄・火入・煙草箱・鮑の殻などがみえる。

江戸時代の文物は，現在でも数多く伝世している。しかしそれらは陶汰を受けて残ったものであるため，高級品や貴重品である場合が多い。そこで庶民の日常品を知るためには，出土遺物が有力な資料となる。江戸の街から出土する遺物はきわめて豊富で，その種類と量において，前代までの庶民のそれをはるかに凌駕している。

構　成／古泉　弘
写真提供／都立一橋高校内遺跡調査団

3枚重なった漆椀・銅杓子・木札の出土状態

家紋の入った漆椀

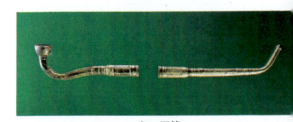

水口煙管
ラウを嵌め込む肩の部分に「水口・吉久」銘と，桐の文様が彫られている。肩付で雁の首のように曲る河骨形の脂返しは，最も古い形態を示している。

真鍮製の飾り金具・切羽・匙

刷　毛

陶製人形

木製の人形
頭髪・髭が埋め込まれていた跡もみえる

泥面子

木製の櫛

動物の骨や鼈甲で作られた笄・簪・櫛

露卯下駄

肥前磁器の流れ

1 染付皿（砂目積）　奈良市奈良奉行所跡出土
口径13.8cm　奈良女子大学

3 染付ブドウ文壺　東京都都立一橋高校地点遺跡出土
高さ13.0cm　都立一橋高校内遺跡調査団

2 染付唐人物文碗
大阪府堺環濠都市遺跡SKT3出土
口径8.8cm
堺市教育委員会

4 色絵梅樹文碗　京都市二條家跡出土　口径11.1cm
同志社大学校地学術調査委員会

5 染付牡丹文大皿　福岡市冷泉遺跡出土
口径30.7cm　福岡市教育委員会

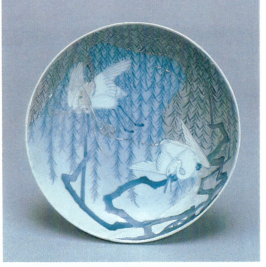

6 染付柳に鷺文皿（鍋島藩窯）　京都市高階邸跡出土
口径19.8cm　平安博物館

肥前磁器は，初期の段階には1のような砂目積焼成による小皿や豪放なタッチの絵付（2）が施された。3の染付ブドウ文壺は17世紀後半の長吉谷窯で類品が出土している。4は色絵技法が始まって間もない17世紀後半の例。5は18世紀の染付大皿。高台内にはこの時期に流行した福字が染付されている。6は鍋島藩窯製品であり，高台には櫛歯文，外側面に七宝つなぎ文を描く。

構　成／大橋康二

江戸の遺跡——大名屋敷

① 階段を有する地下室

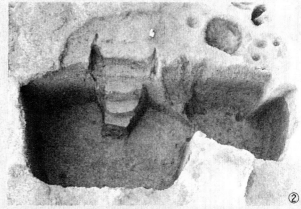
② 階段を有する地下室

③ 天井部に入口を有する地下室

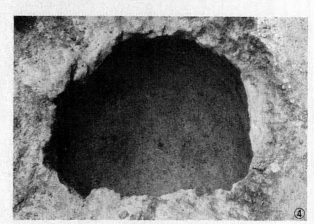
④ 袋状を呈す地下室

⑤ スロープを有する遺構

⑥ 検出された上水道　　　⑦ 同セクション

①は確認面からの深さ310cm、室の広さは300×300cm、天井までの高さ190cmを測る。
②は扇形を呈する地下室と、それより小規模な地下室が切り合っている。扇形を呈する地下室は380×240cm、深さ180cmを測る。
③は120×100cmの入口部を含めて半裁した状態で、室は280cm×290cm、天井までの高さ120cmを測る。
④は260×180cm、深さ200cmを測る。
⑤は670×320cm、深さ260cmを測る。南側にはスロープが存在し、南壁には5ヵ所に横穴が穿たれていた。

⑥は手前と一番奥に上水井戸があり、途中の掘り込みは樋管を埋設するためのものである。その断面では竹管を埋設したと思われる、円形の黒色土が確認された。

構　成／小林　克
写真提供／文京区真砂遺跡調査会

城米曲輪発掘区全景（……は石列と掘立柱跡）

江戸時代の遺跡
―― 小田原城

小田原城は中世から近世末まで400年以上にわたり継続的に使用され，その間大小さまざまな改造がくり返された。城米曲輪の発掘調査の結果，たびたび新たに土を搬入し，前代の遺構を埋設させて，その上に新しい面を形成していった過程が読みとれる。二の丸内においても古い段階から使用が開始されたこの曲輪は，まさに土に刻まれた小田原城の歴史を象徴的に示しているようである。

構　成／塚田順正
写真提供／小田原市教育委員会

掘立柱跡

石　列

下層(Ⅲ層中)に検出された掘立柱跡

下層(Ⅲ層中)から検出された敷石

江戸時代の遺跡
―― 富山県桜町遺跡

国道8号小矢部バイパス建設に先立って発掘調査が実施されている桜町遺跡で，昭和56年，18世紀後半の遺物が大量に発掘された。ことに木製品にはみるべきものが多い。このうち下駄は出土量が最も多く多種多様で，江戸，大坂出土品との対比資料となり得る。小矢部市石動地区は，加賀藩政下今石動宿として賑わった宿場町である。

構　成／伊藤隆三
写真提供／小矢部市教育委員会

調査区全景

木　簡

陶磁器出土状況

下駄出土状況

連歯下駄

露卯下駄

江戸時代人の骨

構成／森本岩太郎

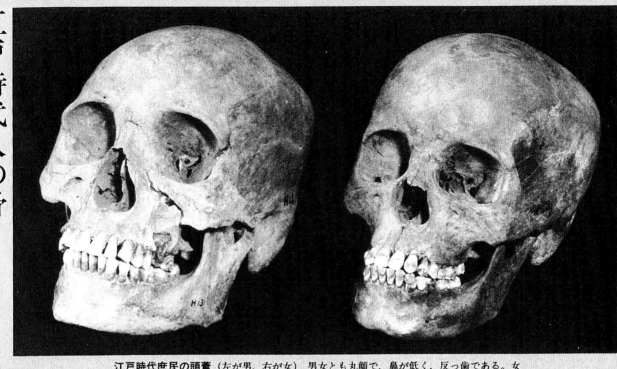

江戸時代庶民の頭蓋（左が男、右が女）　男女とも丸顔で、鼻が低く、反っ歯である。女は「お歯黒」をしている（東京一橋高校出土）。

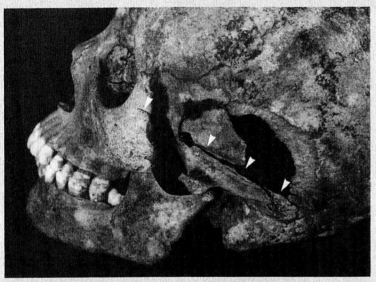

刀創のある男性頭蓋　刀創（矢印）は左の頬骨から側頭鱗にかけて前後に直線状に走って脳膜に達し、致命的である（東京一橋高校出土）。

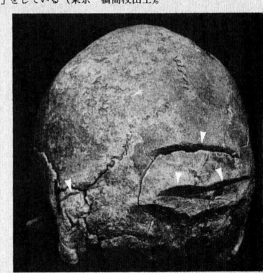

打ち首になった男性頭蓋　後頭鱗から左乳様突起にかけて4ヵ所の刀創（矢印）がある（東京一橋高校出土）。

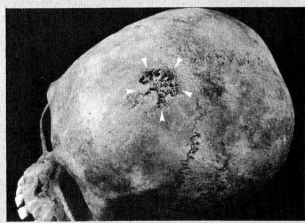

骨梅毒症の男性頭蓋　第3期梅毒で、前頭鱗の表面の凹凸（矢印）が甚しい（東京一橋高校出土）。

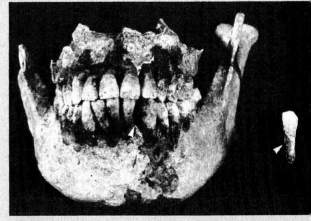

服喪抜歯を疑わせる歯列　下顎左側切歯が見られない（矢印左）。この遺体には別個体の下顎左側切歯（右）が伴出した（横浜受地だいやま出土）。

季刊 考古学

特集

江戸時代を掘る

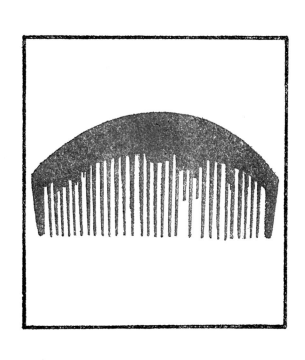

特集●江戸時代を掘る

江戸時代の考古学

加藤晋平・古泉　弘
（かとう・しんぺい）　（こいずみ・ひろし）

江戸時代の考古学はその歴史は浅いが近年急速に調査・研究が進んできており，今後はそれらを大系化する課題が残されている

1　考古学研究の範囲

「考古学が取扱う年代の範囲は，原則として，人類が地球上に現われてから，現代までの全期間である」[1]。この江上波夫博士による考古学の研究対象としての年代についての定義は，きわめて明快であり，私たち自身も，これ以外の定義は考えられないと思っている。

しかし，博士のこのような明快な定義に至るまでには，考古学研究の対象年代に関する意見に，さまざまな変遷があったことは周知の通りである。いまだに，もっと時代をせばめて考えようとする研究者が存在することも確かなのである。

ヨーロッパの考古学研究史においても，中・近世という時代が，考古学の研究対象として急速に発展してきたのは，第2次大戦後のことである。それは，スエーデン，ノルウエー，デンマーク，ウェールズといった国々で民族博物館が設立・充実してきたことと結びついている。「人類の過去はひとつであり，考古学者は，人類遺物すべてを研究するのである」という意見が欧米で生じてきたのもこの頃である。

1957年に，雑誌『中世考古学 (Medieval Archaeology)』が，1966年には雑誌『産業考古学 (Industrial Archaeology)』が，そして1967年には雑誌『後（ポスト）中世考古学 (Post-Medieval Archaeology)』が創設された。産業考古学という用語がはじめて使用されたのは，E. R. グリーンの "The Industrial Archaeology of County Down" や K. ハドソンの "Industrial Archaeology" であり，それは 1963年のことであった。

産業考古学という研究の定義については，R. A. ブチャナンは，「産業に関する遺構を調査し，研究し，記録し，保存することにかかわる研究である」とし，「消滅した産業システムや運輸システムに関する遺構」を研究することであるとしている (Antiquity, 1970, p. 281), そして，産業考古学とは，この2百年間における考古学研究の一側面であると言っている。

アメリカにおいては，1967年に歴史考古学会が設立され，雑誌『歴史考古学 (Journal of Historical Archaeology)』が発刊されている。歴史考古学という用語は，現在，アメリカでは広く採用されているが，かつては植民地考古学 (Colonial Archaeology) とか，歴史的遺跡考古学 (Historic site Archaeology) と呼称されていた。

以上のごとく，欧米においても，人類の全遺物が考古学の対象であるという気運が生じ，実践されはじめたのは，第2次大戦後のことなのである。日本においても，実情は同じであるといってよい。戦前における歴史考古学の概説書として，最初のものであり，かついまだにその価値を失わない名著である後藤守一博士の『日本歴史考古学』(1937) は，たしかに素晴らしい内容を誇るものではあるが，決して野外向きの実践書ではなく，有職故実的内容の濃いものであった。中世・近世といった時代が，考古学研究の実践的対象となったのは，やはり戦後のことであった。

14

中世の考古学研究分野については，後藤守一・石母田正編『日本考古学講座』6・7巻（1956）にとりあげられたが，まだ未分化であり，十分な責任分担が与えられるようになるのは，三上次男・檜崎彰一編『日本の考古学』6・7巻（1967）や内藤政恒ほか編『新版考古学講座』6・7巻（1970）からであろう。中世考古学あるいは近世考古学が実践的な進歩を開始するのは，開発にともなう遺跡の発掘がはじまるのと規を一にしている。しかし，それとは別に，中世考古学や近世考古学の重要性を唱えられた中川成夫教授の足跡を私たちは忘れることはできない。

中世考古学というものを最初から意図して執筆されたものとしては，はじめての論文であろう中川教授の「中世考古学の諸問題」[2]は，私たちこの時期の考古学的研究に興味をもつものとしては出発点なのである。さらに，同教授らの「近世考古学の提唱」[3]は，日本における近世考古学研究のスタートでもあった。「考古学の定義は広義・狭義の差はあっても物質的資料を媒介として研究するとされており，その対象とする時間の限定はされていない。従って歴史的時代区分の一つである『近世』も当然含まれる」とは，教授の言葉である。ここに，日本における近世考古学の研究がはじまった。ヨーロッパにおける中・近世考古学の盛行が，北欧の民族博物館の設立と密接に結びついているが，日本においても博物館学の泰斗である中川教授が，中・近世考古学を唱導したのも両者の学問的底辺が一致しているからである。

（加藤）

2 日本の近世と考古学

日本では六国史以来，歴史の流れが文献によって克明に記述されている。江戸時代に入ると『徳川実紀』を始め，各種歴史書・記録類はことに多く，歴史の流れ，とくに政治史などについては，考古学が立ち入る余地はないようにさえ思える。この点についてもし考古学が係わりをもつ場面を迎えることになったとすると，その場面における考古学の課す役割は，たぶん史料の補完もしくは事実関係の証言者という位置にとどまるだろう。

江戸時代における考古学の役割は，物質を素材として近世学に参加する点にある。したがって政治史のように歴史の表面現象そのものよりも，その背景となる社会・経済・文化といった側面を，文物を通して研究することに重点が置かれる。沈没した開陽丸の艦長が誰で，彼がその後どのような道を進んだか，といったことは，私たちにとって当面重要でない。私たちにとっては，近世から近代にかけての過渡期に，どのような文物が作られ，使用されていたか，沈没年代の明確な「一括遺物」が満載されている点が重要なのである。

同様に増上寺の徳川将軍家墓所に埋葬されていた静寛院宮（皇妹和宮）の左手首がないとか，足に病変が認められないといったことも，さしたる意義を持たない。それよりも貴人の埋葬様式がどのようなものであったか，遺体にみられる貴族的形質は……といった点により興味がもたれるのである。

日本における江戸時代の考古学の歴史は浅いけれども，近年急速に調査・研究が進んできた。しかしなお，それらを大系化できるまでにはいたっていない。この中で最も先端を行っているのは，陶磁器の研究である。陶磁器は生産・流通・消費というシステムとその変遷を，最も明瞭に表わしている。現在のところ陶磁器研究の枢要な部分は，生産地を中心にして行なわれている。消費地では出土陶磁を，各窯の出土品に対比させて位置づけている。これによって全国規模の陶磁器流通の実体が明らかにされつつある。今後の方向としては，層位的方法による消費地独自の編年を確立し，生産地と対比させる必要性がある。それによってこの問題はさらに克明に深化されるであろう。

前後が逆になってしまったが，各種の遺物の属する年代の比定は，第一になされなければならない。この基礎的な作業を抜きにしては，それ以後の作業は具体性を持てなくなる。東国の古墳時代人は，炊事に炉を用いていたか，あるいはかまどを用いていたか，古墳時代の初期と後期をひとまとめにしては，正しい説明ができないことと同列である。

これらの作業を経て，江戸時代ないし近世の特性を，物質文化の面から描出していく点も重要である。これらに言及するには，全国規模での資料の蓄積が未熟である。

3 いくつかの分野

都市遺跡 都市遺跡の内包する問題は複雑かつ多岐にわたっている。それは古代・中世以来の王

城や，それに準じた都市とは異なり，その構成員の一端である町人が，大きく力をつけてきたためでもある。江戸時代に入る前から，町人を中心とした町には，都市にまで発展する例がみられるようになった。その代表例が堺であろう。環濠を巡らし，町人たちの自主性による管理といった，日本の都市史上でも類をみない一時期を築いたのである。この堺の環濠都市遺跡では，精力的に発掘調査が行なわれ，豊富な焼土層の検出と相まって，大きな成果がえられている。

京都は平安京以来の都であるが，同時に現代にまで続く，きわめて長期間にわたる都市遺跡でもある。再開発にともなって，江戸時代の遺構・遺物も各所で検出されている。

江戸時代を通じて政治の中心地であった江戸は，近世になって忽然と成立した大都市である。もちろん武都として出現したのであるが，その成立過程において町人が実力をつけ，ついには独特の町人文化を生み出した都市でもあった。江戸に限らず近世の都市遺跡では，発掘地点によって，まったく異なった様相を呈することがある。これは近世都市がさまざまな要素から構成されているためである。また同一地点でも，層序の違いによる景観の相異がみられる。

江戸などでは厖大な数の古地図によって，克明に街の変遷を辿ることができるが，発掘される遺構群の組み合わせはより複雑であり，かつ微細な点を観察することができる。ことに町人地ではこのことが顕著で，都市の復元上考古学の果たす役割の大きなことが痛感される。また出土する多くの遺物によって，都市民の生活実態に迫ることもできるのである。

村落遺跡　都市遺跡に比較すると，地方村落遺跡では目立った調査例が少ない。これは現代の村落が，近世村落を基盤として発展した場合が多いので，発掘の機会が少ないためと思われる。特異なケースとして，群馬県の鎌原村落遺跡がある。旧鎌原村は街道の宿場としての性格を兼備した村落で，天明3年（1783）の浅間山噴火によって壊滅した遺跡である。この調査は考古学をはじめ，火山学・土壌学，社会学・民俗学・文献学といった諸学の協力のもとに行なわれ，近世遺跡研究の一つの方向性を示している。

城　郭　近世城郭の研究は，城郭史の立場からさまざまな角度から行なわれてきた。そこで一見すると考古学の立ち入る余地はないようにもみえる。しかし当時の土木工事の技術や変遷を復元しようとする場合，発掘という考古学的手法が重要な手掛りとなるのである。

近世城郭の調査は，大坂城・江戸城・仙台城・小田原城・松本城・小浜城など，各地で実施されている。これらの大規模な城郭では，自然地形をどのように改変しているか，といった問題は，考古学的手法によって解明される場合が多い。同時に，当時の絵図や設計図では不鮮明な微細な構造物をも，克明に知ることもできるのである。

墓　地　葬制もまた興味ある問題である。庶民の墓地の発掘例は各地で知られている。江戸の都立一橋高校地点では，近世の墓地が調査され，いくつかの異なった形式の墓が検出されている。庶民の墓はいずれも簡素で副葬品も貧弱である。

これに対し，将軍や大名の墓は大規模かつ入念に構築されている。増上寺の徳川将軍家墓所・済海寺の牧野家墓所・岡山池田家墓所・仙台伊達家墓所・館林榊原家墓所などが発掘されているが，その多くは上部に石塔を建て，主体部に石棺ないし石槨を構えている点が特徴的である。副葬品類もまた豊富で豪華なことが多い。こうした大名墓の特徴は，たんに庶民と比較してだけでなく，中世墓と比較しても大きな違いがみられるのである。

4　おわりに

江戸時代の考古学が問題にしている分野の，ごく一端を垣間みた。このほかにも当面する重要なテーマは数多い。生産・宗教・環境，あるいは埋没船など，数え上げれば際限がない。

これらの研究はその過程において，多くの関連諸学の協力が必要である。文献学や民俗学はもちろん，地理・地質・建築史・美術史などが重要な周辺科学となる。自然科学もあらゆる面で必要である[4]。しかしながら私たちは，「江戸時代」という近接した時代にまどわされることなく，考古学的な目的と方法を，常に忘れてはならない。（古泉）

註
1) 江上波夫「序説」『考古学ゼミナール』1976
2) 中川成夫「中世考古学の諸問題」地方史研究，45，1960。のち註3)とともに『歴史考古学の方法と課題』1985に収録。
3) 中川成夫・加藤晋平「近世考古学の提唱」日本考古学協会第35回総会研究発表要旨，1970
4) 古泉　弘「江戸の発掘」歴史評論，421，1985

特集 ● 江戸時代を掘る

近世考古学の諸様相

近世史再構成のための有効な役割を果たすべく，考古学的に十分な分析と検討が要求される。また先人の発言にも注目したい

東京都港区内の江戸時代遺跡／
多摩における「近世考古学」事始

東京都港区内の江戸時代遺跡

慶応義塾大学教授　鈴木公雄（すずき・きみお）

麻布台1丁目遺跡調査団
芝公園1丁目遺跡調査団

近世考古学は他の時代以上に関連分野との提携が要求されるが，同時に考古学独自の研究や分析も忘れてはならない

東京都内においては，近年都市部の再開発計画が進むにつれて江戸時代遺跡の調査が著るしく増加してきた。江戸時代の考古学，すなわち近世考古学の扱う範囲はきわめて広く，遺構の性格や遺物の種類もきわめて複雑多岐にわたる。今後とも増加するであろう江戸時代遺跡の調査に対して，われわれがいかに対応していくかは今日の日本考古学の直面する重要な問題といわねばならない。今回そのような江戸時代考古学の将来を展望する一つの試みとして，現在調査中の二つの江戸時代遺跡の調査成果を紹介し，江戸時代の遺跡が持つ文化遺産としての可能性について考えてみたい。

1　麻布台1丁目遺跡

麻布台1丁目遺跡は，港区麻布郵便局の敷地内にあり，西は埋穴板，東は神谷町方面にむけて下降する舌状の台地上に位置する。調査区面積は南北に長い約1,200m²である。郵便局の地下駐車場建設に伴う緊急発掘である。昨年7月から12月まで発掘調査を行ない現在整理作業を進行中で，来年3月に報告書刊行の予定である。

麻布台1丁目遺跡から出土した遺構や遺物はその大半が江戸時代のものであり，これらは寛永年間以降この地にあった大名屋敷群と不即不離の関係にあった。大名屋敷は，徳川家康が江戸に入府して以来，とりわけ参勤交代の制が確立するにおよんで，各大名の江戸表の公邸・私邸として建設されたが，江戸時代の麻布近辺には，江戸城より少し離れていたことから中屋敷や下屋敷が多く建てられていた。この発掘調査区のある地区に関しては，江戸時代を通じて居住者は一定しており，各大名屋敷の区画も変化することはなかった。それを図にしたのが図2であるが，これを用いつつまず発掘調査区の沿革について述べてみよう。

麻布飯倉に最初に幕府から邸地を賜わったのは出羽米沢藩30万石上杉家であり，図中A・Bの2つの区画を合わせたものがその地所であった。邸地を賜わった寛永14年（1637）から明暦3年（1657）までは，麻布邸は下屋敷として用いられていたが，同年白金に下屋敷を賜わって以降は中屋敷として用いられていた。次にこの地区に屋敷を構えたのは豊後臼杵藩5万60石稲葉家で，図中C・

17

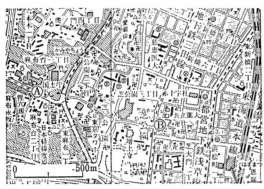

図1 麻布台1丁目遺跡(A)と芝公園1丁目遺跡(B)の位置

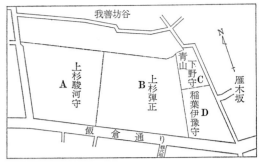

図2 江戸時代麻布飯倉の地割り

Dを合わせた土地がその邸地となっていた。これに加えて延宝年間(1673～1680)にはCの区画に丹波篠山藩5万石青山家の下屋敷が，享保10年(1725)には上杉家から米沢新田1万石を分与された上杉駿河守の上屋敷がAの区画に建てられ，以後各々の藩内で藩主が変わりこそすれ，このままの地割りで幕末を迎えたのである。

さて本発掘調査区はその大半が上杉家の敷地内に入っていたものと現在推定されているが，同家に関する豊富で詳細な文献史料の調査から，考古学的データとうまく対応するかなり具体的な情報を得ることができた。両者の相関については3の展望で論ずることにし，ここでは米沢藩江戸麻布邸の変遷をそれが遺構や遺物にどう反映されているかに言及しつつ略述しておきたい。

上杉家が麻布の地に屋敷を建てたのは，寛永17年(1640)のことである。具体的に当時の麻布邸がどのようなプランを持っていたのかは不明だが，少なくとも藩主の私邸としての屋敷，長屋，能楽堂，馬場と厩などを揃えていたことは間違いなく，寛永期の他の大名屋敷同様，上杉謙信以来の雄藩としての面目に応えうる華やかなものであったに違いない。明暦3年の大火の後，麻布邸は中屋敷となったがその基本的性格は全く同じで，藩主の私邸として，時には公邸に準ずるものとして使われ続けていたようである。

けれども明暦元年(1655)から元禄16年(1703)の間に，麻布邸は大小様々の火災に遇い，その都度上杉家は修復，新築をくり返していた。なかでも元禄8年(1695)と同16年のそれは最も被害が大きく，ほとんどの建物が焼失する有様であった。出土遺物のなかには17世紀後半のものと推定される焼けた陶磁器も多く見つかっており，こ

れとよく符号している。

極めて興味深い事に，元禄16年を最後にして麻布邸には藩主の居所としての屋敷はついに再建されず，幕末に至るまで土蔵と長屋だけの，いわば一種の「蔵屋敷」になってしまっていた。これは寛文4年(1664)に藩主綱勝の急死によって15万石に半知削減された藩の財政が年々悪化の一途を辿り，建築費が出せなかった事によるものだが，このように元禄16年を境に麻布邸の性格が全く異なったものに変化したことは，何らかの形で遺物に反映されているはずで，目下分析を急いでいる。

さてこの後，麻布邸は延享4年(1747)，安永元年(1772)，同6年，寛政11年(1799)にそれぞれ火災に見舞われるが，邸の性格そのものに影響を与えるものはなかった。ただ安政2年(1855)の大地震の際には，麻布邸の土蔵群や長屋は倒壊こそしなかったが大破しており，その際にこわれた土蔵の収蔵品のうち邸内に投棄されたものの一部が，出土遺物に混じっている可能性がある。また発掘調査区で確認されたほぼ南北に走るピット群は，間違いなく上杉邸と稲葉邸とを隔てていた柵の跡であろう。

(大越　翼)

(1) 遺跡および遺構の概要

遺構は近代の表土，攪乱層を削平した後の立川ローム4層中程で多数確認された。出土遺物から大部分が江戸中期～幕末期のものである。種類としては地下式坑，円形・方形のプランを有する土壙，溝などで，総計230基確認されている。階段や踊場をもつ大規模な地下室，井戸，上水施設，墓域などは確認されていない。それらの遺構を平面プラン，オーバーハングの有無，壁，床の状態などの形態の違いにより分類すると，現時点では以下の8類ほどがあげられる。

A. 5m×3m程度の楕円形のプランを有する

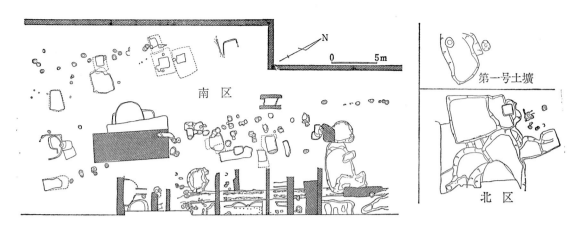

図3 麻布台1丁目遺跡全測図

土壙。比較的浅く，クワ状耕具による掘り痕がみられる。

B．上面のプランは長方形，下半の一部がオーバーハングする土壙。床壁ともよく磨かれている。

C．天井部に1m四方の入口部を有し，四方がオーバーハングする地下式坑的な土壙。

D．円形のプランを有し，床がナベ底状を呈する土壙。外周部に土止めとみられる杭痕がめぐる。

E．上面は円形，下半部で方形の土壙が重複する土壙。上面に大型の河原石が敷かれる。

F．円形のプランで床が浅く平坦な土壙。

G．下水施設と思われる溝状遺構。最も明瞭なものはテラス，杭痕を有し，約30mにわたる。

H．50cm内外の円形の土壙。大部分の土壙がこうした小土壙である。

この他に調査区北側では東西11m，南北14mの区域に複数の土壙が複雑に重複して検出された。形態からいくつかの分類ができ，瓦・しっくい，貝・魚骨，陶磁器，瓦器類を各々主体的に含む大型の土壙が存在する。1800年（寛政12年）の麻布御屋敷絵図によれば，この付近に病人小屋が存在し，疫病などの災害に伴う遺構であるとも考えられる。

土層の堆積状態はセクションが山形をなし，かなり短期間の埋没が想定されるもの，ほぼ水平の堆積を示すものなど様々である。遺構の配置関係をみるといくつかの特徴を指摘しうる。50cm内外の小土壙は調査区西側よりに1列，調査区中央にほぼ2列，いずれも南東から北西方向に配列されている。西側よりの土壙はほぼ1m80cm（1間）間隔で並び，何らかの建築址である可能性もある。また調査区中央のものは，建築址よりも柵状の遺構と思われ，屋敷間の地境的な用途をもつ遺構である可能性もある。この土壙列を境とし，先に分類した土壙の配置もほぼ二分される。「C」とした地下式坑は土壙列西側のみに分布し，「A」，「B」，「D」，「E」などはほぼ東側にのみ分布している。

文化遺物以外に特徴的な土壙の内容物としては，貝・魚骨などの自然遺物，焼土・炭化物，宝永スコリアなどがある。自然遺物をとくに含むのは土壙列東側の「B」，「D」，「E」などの形態を有する土壙，焼土・炭化物は土壙列西側の「C」の形態を有する土壙，また宝永スコリアは土壙列東側の「A」，「D」の形態を有する土壙で各々検出されている。また最近いくつかの遺跡でも確認されるようになっているが，1707年（宝永4年）11月の富士山の宝永噴火によるスコリアが現在3つの土壙から検出されている。宝永噴火については『折たく柴の記』，『基熈公記』などに記録がある。江戸に降下したスコリアは，はじめのうち白っぽく，後に黒色となったと記録されている。遺構で確認されたスコリアは黒色のものが主体をしめ，20cm程度の厚さをもち床面に堆積している。恐らく降下後に土壙にまとめて廃棄された状態と思われる。宝永噴火は社会・経済的にも様々な影響を及ぼしており，災害史的な視点から今後さらに検討されるべき課題のひとつであろう。スコリア下層，層中からは顕著な遺物は認められないが，スコリア上層からは1670～1750年代とされる肥前系染付磁器が多量に出土しており，両者の時間的関係はほぼ符号する。宝永スコリアは江戸時代の文化遺物の編年研究のうえでもひとつの有効な

19

指標となりうると思われる。　　　（森本伊知郎）

（2）　出土遺物の概要

文化遺物としては陶磁器やカワラケ，焙烙，焼塩壺などの土師質土器，瓦器，瓦，貨幣，煙管，釘，硯，砥石，笄，人形，泥面子，漆器などが出土している。高台という立地のためか木製品の遺存は少ない。焼塩壺は貝や魚骨を含む土壙からの出土が多い。本遺跡の焼塩壺は，輪積み成形，「天下一堺三なと藤左エ門」銘をもつもの，板作り「泉州麻生」銘をもつもの，回転ろくろによる無銘のものなどがある。渡辺誠氏の研究によれば「天下一」は1654〜1679年のもの，「泉州麻生」は17世紀末〜18世紀前半のものとされている。カワラケは口径から見るとほぼ2寸，2寸5分，3寸などの規格性が認められ，3〜4群にグルーピングが可能である。磁器は大部分が肥前産である。器種としては碗，皿，鉢，壺，瓶，蓋物，猪口などがあり，時期・技法のうえでバラエティーに富む。特徴的なものとしては，有田山辺田窯製と思われる染付皿，コンニャク判を有する碗皿類，波佐見三股窯製の青磁有足皿，鍋島藩窯製の瑠璃釉染付変形皿，および青磁型打捻文猪口，柿右衛門様式の色絵碗などがあげられる。また明時代の染付皿など舶載品も認められる。陶器は瀬戸美濃産では碗，石皿，瓶，鬘盥などがあり，中でも高田徳利が調査区北側の遺構から大量に出土している。その大部分は胴部に釘書きを有する。肥前産では内野山系の窯で製作されたと思われる緑釉皿，武雄系唐津の象眼三島手鉢，現川，木原系の刷毛目碗のほか，鍋島藩窯以前の物原から出土している京焼風陶器と一致する碗皿類も出土している。ほかに備前，信楽，益子などの産地のものも認められるが詳細は本報告に譲りたい。

ひとつの土壙から出土する陶磁器はある程度の時間幅に押えられるものが多い。とくに個体を認定しうる個体のセットでみるとそうした傾向は強いと思われる。また土壙により廃棄のあり方にも違いが認められる。それは廃棄される以前に破損していたと思われる遺物が多く出土する土壙と，廃棄によって土壙内で破損したとみられ，遺物の接合する率が高い土壙が存在することによって示される。出土遺物の中には火を受けている瓦や陶磁器も多く認められる。とくに磁器にみられる変形，釉の融解などは800℃以上の温度によるものとみられ，直接火を受けたものであろう。火を受けている遺物は陶磁器ではとくに17世紀末の，本遺跡では比較的古手のものに多く認められる。文献調査によると上杉邸は1682年，1695年，1703年などの数回にわたり火災にあっている。火を受けた遺物については製作年代からどの時期の火災によるものであるか推定することも今後可能であろう。また火を受けた陶磁器のうち，15m以上離れた土壙間の遺物で接合した例があり，同時期の火災による廃棄物である可能性もある。

現在陶磁器については胎土（陶器，磁器，炻器），産地，器種，年代，技法に注目して各々分類項目を設け，それによって全資料を分類し，各土壙を単位に部位別（口縁部，底部）の破片数および重量の集計を行なっている。この作業により土壙ごとの構築年代，器種組成，産地別の組成などを知ることができよう。今回は充分述べられないが，土壙の配置や形態とそこに含まれる文化遺物の内容や時期について今後分析を加えていきたい。また，とくに肥前の陶磁器は生産地での窯跡，物原の発掘調査により一応の編年がたてられている。本遺跡は江戸における消費遺跡のひとつとして捉えられるが，そこでの陶磁器の出土状況と生産地での編年を比較・検討し，なしうるなら生産地と消費地における流通の問題などについても今後考察していきたい。また土壙における共伴関係から現在年代的根拠の得にくい土師質土器，瓦器などについても何らかの編年上の手がかりが得られると考えている。　　（森本伊知郎・又井昭彦）

（3）　瓦器・土師質土器の分析

北区の瓦器・土師質土器は現在整理途上であるが，約8,800個体，280kgが，主にゴミ穴と目される20基の土壙群より出土した。これらは形態により48種類に類別されたが，灯火具・暖房具・調理飲食具に想定されるものが多い。恐らく江戸近郊で生産・販売され，当地で日常生活品として使用廃棄されたと考えられ，法量・形態・製作技法の上で各種ごとに規格性が極めて強い。また磨耗・こげつき・破損が著しく，材質からみても極端な消耗品であったと考えられる。図4は焙烙の身・蓋の直径の分布である。各寸に1cmの幅をもって口径の復元可能資料を同定させるとほとんどがその幅に収まり，寸で規格されていたことがわかる。焙烙Ia類は1尺に，焙烙Ib類・蓋は8寸に7割以上の最頻値をとり，蓋は2寸ずれてIa類の身に対応しセットとして使われていた

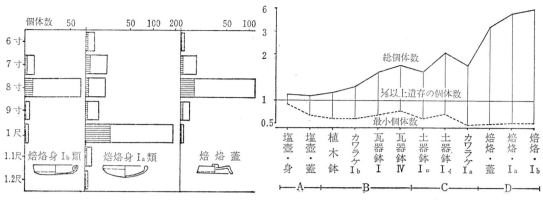

図4 焙烙の身と蓋の直径

図5 器種別の総個体数と最小個体数

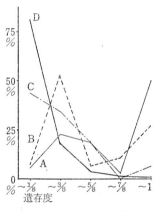

図6 個体の遺存度別の割合

と類推できる。

現在，以下の目的で数量的に把握することを主眼とした整理を行なっている。①時期別の組成や遺存状況を分析し，消耗率などの使用時の状況や廃棄時の状況を把える。②接合関係を分析し，遺構群の構築状況や廃棄の性格を把える。③用途別・産地別の組成を分析し，当時の生活様式や商品流通のあり方を探る。そのため器種別・土壙別に総個体数・最小個体数・重量を測定した。総個体数の算定には同一個体に属する破片を1個体とし全個体数，口縁部部位数，底部部位数の3種を，最小個体数の算定には特定部位数，口縁部・底部遺存度累計（円周を8等分し1/16〜16/16で集計），重量遺存数（重量/1個体分の平均重量）の4種を用いた。その結果，器種により各測定法の数値の変動が大きいものと小さいものとが認められた。例えば図4の焙烙をみると，白ヌキの口縁部部位数と斜線の遺存度累計では比率に変化はないが実数的には，焙烙Ia類は口縁部部位数で479個体あるが，遺存度累計では48.4個体で，10倍の差がある。図5は主要な器種の総個体数の最小値と，最小個体数の最大値について，1/8以上遺存の個体数を1としその比率の変化を示したものである。総個体数が大きいほど細かくわれている。最小個体数が小さいほど破片が足りないとい

えよう。左端の焼塩壺はその差がほとんどなく，どのような測定法をとってもほぼ同じ数量を示すが，右側の器種ほど隔たった数値を示し，測定法によって組成率は大きく変動することになる。

次に器種別にその遺存度別の割合を検討した結果，4つのパターンが認められた（図6）。Dはほとんどが小片で遺存，Aは完形に近い形で遺存していたもので，図5でいえば，Dは右側，Aは左側に位置するグループである。以上のように器種によって明確にその遺存状態や数量のあり方が異なっているのは，各々の消耗率の違いを反映している可能性が強い。例えばセットを構成すると思われる焙烙Ia類と蓋は，口縁部部位数，遺存度累計ともに倍の差がある。また個別に見ると蓋には補修孔のあるものがあり，両者の消費のされ方に差があったと考えられる。その結果，焙烙のような消耗度の高いものは一定期間の内に多くの個体が使用されることになり，総個体数は多く示されるが，使用による破損や片づけ・廃棄の際の欠落により遺存度累計は小さな値を示すこととなり，逆に焼塩壺のように使用が一回性のものや，瓦製の鉢のように耐久性の強いものは比較的両者の値が近接することになる。さらに今回省略したが，土壙別の遺存状態や接合関係を重ねて考えると，個体数の数え方によって生じる組成率の変化は次のような数量組成自体の性格の差異に起因したものであろう。

1. 使用時における生活セットとしての数量
2. 一定期間使用し消費された結果累積された数量
3. 廃棄時に選択が働く場合，実際に廃棄した数量

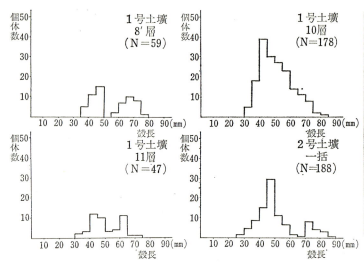

図7 ハマグリの殻長分布

表1 ハマグリの貝合わせの結果

土壙	層位	L	R	一致数	一致率(%)
1	8	16	18	5	29.4
	8′	32	27	17	57.6
	9	8	10	4	44.4
	10	93	84	41	46.3
	11	24	23	11	46.8
	計	173	162	78	46.6
1	8—8′	26	23	0	0
	8′—9	19	16	0	0
	9—10	56	49	0	0
	10—11	65	55	1	0.8
2	一括	49	35	17	40.5

4. 廃棄後土壙群重復の攪乱で移動した結果の数量

複数の個体数測定法を採用し，各レベルの数量組成にアプローチした後先に示した①〜③の目的達成が可能となろう。　　　　　　（小林謙一）

（4）ハマグリの分析

麻布台1丁目遺跡では，自然遺物として多数の貝類（ハマグリ・サザエ・アワビ・アカガイ・ヤマトシジミ・シオフキ・サルボウ・マガキなど），魚骨，獣骨が採集された。遺物は各遺構ごとに取りあげられたが，部分的に層位，カットサンプル（25×25×5cm）での採集も行なった。整理作業では，自然遺物を基本的に遺構ごとにまとめ，時期別，居住者別の食生活のありかたを考古学的に解明することを目的としている。ここでは，自然遺物の中で，すでにある程度分析結果の得られているハマグリについて報告したい。

ハマグリの殻長分布　図7のヒストグラムは，1号土壙の8〜11層と2号土壙について計測可能なハマグリの殻長分布を示したものである。ただし，1号土壙の層位別のグラフに関しては，サンプル数の多い8′層，10層，11層を表示した。グラフを見てわかるように，1号土壙8′層，11層では4〜5cm，6〜7cmを中心として，2号土壙では4〜5cm，7〜8cmを中心としてグラフが二つの山をなしている。他の土壙でもこのような双峰分布を示すものがある。このことは，江戸時代のハマグリが縄文時代のものなどと異なり，採集後大きさによって選別されて売られていたことを示している。そして，大型のハマグリに焼けた痕跡があることから，6cm以上の大型のハマグリは焼ハマグリに，4〜5cm程度の小型のハマグリは吸物に用いられたと考えられる。グラフの中で単峰分布を示している10層に関しては，小型のハマグリのバラツキが大きいために数の少ない大型のハマグリがグラフ上で取りこまれてしまい，単峰形となったと思われる。このような現象は，遺跡のハマグリを一括してグラフ化するような，サンプル数は多いが同時に個体のバラツキの大きなデータを用いたときに起こりうる。

以上のように，魚貝類が商品として流通し，調理の仕方も多様化している江戸時代では，自然遺物が遺跡から発掘されるまでに，さまざまなバイアスがかかっており，単純に数値で比較することには注意を要する。

ハマグリの貝合わせの結果　ハマグリは左右同じ個体でないとうまく咬みあわない貝であり，別別に捨てることがないと仮定するならば，左右セットになるものの比率によって層の攪乱の程度を知ることができる。そこで，とりあえず1号土壙（層位ごと），2号土壙について貝合わせを行なった（表1）。それによると，計測可能なハマグリのみで行なったにもかかわらず全体の40%以上は左右が一致することがわかる。しかも1号土壙では，隣の層とはほとんど一致していない。これらの数値は，縄文時代や古墳時代の例などと比べると10%程度高い。貝殻の破損度や脱灰の程度，さらには発掘の精度にもよるが，現場での土層観察の結果も考慮すると，この数字は各土壙が遺物の廃棄後，比較的攪乱をうけることなく現在に到

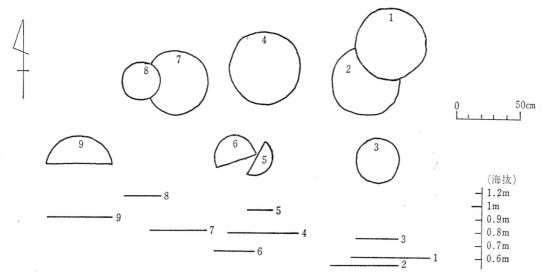

図 8 芝公園 1 丁目遺跡早桶出土状況図

っていることを示していると思われる。今後の見通しとしては、カットサンプルから得られたハマグリについても同様に貝合せを行なうとともに、ハマグリの大きさと一致率の関係についても検討してみたい。

以上のハマグリの分析により、ハマグリが大きさにより最低 2 種類に選別されて売られていたこと、各土壙に廃棄された遺物が比較的攪乱を受けずに現在に到っていることがわかった。今回は自然遺物の一部の分析結果のみ示したが、食生活の問題を中心に自然遺物が近世考古学に貢献すべき点は多い。　　　　　　　　　　　　（桜井準也）

2　芝公園 1 丁目遺跡

芝公園 1 丁目遺跡は増上寺山門と大門の中間に位置し、増上寺塔頭遺跡群の中の貞松院・光学院、および源興院・広渡院の存在していた地点にあたり、寺院建造物とこれに附属する遺構ならびに墓地からなる近世寺院遺跡である。昭和 60 年 6 月現在調査中の遺跡であるが、これまでの調査でとくに注目される点は、墓に副葬されたいわゆる「六道銭」と呼ばれる古貨幣の問題、宝永スコリアの堆積と遺物・遺構の関係、井戸・樋などの給排水施設の発見などである。

（1）六道銭の組合せと貨幣の流通状況

本遺跡の墓地からは総数 200 体近い人骨が出土したが、それらは円形木棺（早桶）、方形木棺、甕棺、土壙などに埋葬され、その約 1/3 には六道銭と呼ばれる古貨幣が副葬されていた。これらは近世における下級武士、町民の墓と考えられるが、出土した六道銭の年代を中心にそれらの組合せをみていくと、江戸前半期における貨幣の流通状況の一端が明らかとなる。

図 8 は円形木棺墓（早桶）の集中した地点の平面図とそれらの底板レベルを示したものである。これらのうち No.1〜4、7、9 から六道銭が出土しているが、底板のレベルが最も低い No.2 からは北宋銭のみが 6 枚出土した。この No.2 を破壊して埋設された No.1 からは、北宋銭 2 枚と古寛永通宝 3 枚の計 5 枚が出土した。No.2、No.1 よりも底板レベルの高い No.3 からは古寛永通宝 3 枚、No.4 より古寛永 4 枚と念仏銭 2 枚、No.7 から古寛永 6 枚と念仏銭 1 枚、No.9 からは古寛永のみ 5 枚がそれぞれ出土している。そして、これらの墓は土層断面の観察から、宝永スコリアの堆積（1707 年）以前と考えられる。六道銭の組合せは、(1) 寛永通宝の鋳造以前の渡来銭のみの時期、(2) 渡来銭と古寛永通宝が併用された時期、(3) 渡来銭の流通がみられなくなり、古寛永通宝のみが流通していた時期、の 3 つを示しており、これは上に示したように、墓じしんの考古学的所見（墓の切り合いの新旧による区分）ともよく一致している。

本遺跡の墓から出土した六道銭は、以上のほかに、古寛永銭と文銭（寛文 8 年〈1668〉初鋳の新寛永通宝）、上に加えて文銭より新しい新寛永を伴うもの、文銭と新寛永の組合せ、さらには新寛永のみといったさまざまな組合せがみられる。これら

23

からみると，1668年の文銭鋳造以前にすでに渡来銭の江戸市中における流通がみられなくなっていたことが窺える。また，六道銭を全く出土しない墓も少なくなく，これらと六道銭禁止のお触書き（寛保2年—1742年，元文年間1736〜40年など）との関係も注目される。

（2） 宝永スコリアと江戸時代遺跡

麻布台1丁目遺跡と芝公園1丁目遺跡の双方から，富士山の宝永噴火に伴う火山灰の堆積層の存在が確認された。とくに芝公園1丁目遺跡では，遺構面に水平に堆積した部分が確認され，この直上には斑点状に宝永スコリアの散在する厚い整地層が存在した。また，火山灰下のいくつかの遺構面に損壊のあったことも認められることから，この降灰が当時における都市生活の一部に重大な影響を与えたことも考えられる。さらに注目すべきはこのスコリア層を境いとして，出土する古貨幣に明らかな差異が認められることである。これは江戸時代遺跡の調査において，宝永スコリアが遺物の編年区分を行なうさいの重要な鍵層として利用できることを示している。東京都内の江戸時代遺跡の調査において宝永スコリアの発見されている例はこの他に港区西新橋2丁目遺跡，千代田区内の遺跡などがあるといわれ，今後その事例は増加するものとみられる。1707年という限定された時間を示すことから，このスコリア層を用いて複数の江戸時代遺跡の一括出土遺物どうしを，同一の時間帯の中で比較することも将来は可能となろう。これは，江戸市中における物資の流通や消費のあり方を比較するさいにきわめて有効なものとなるだろう。　　　　　　　　　　（奈良貴史）

3　展　望—文化遺産としての近世遺跡—

港区内には今回紹介した以外にも，増上寺徳川将軍家墓所の調査，済海寺長岡藩主牧野家墓所の調査など，いくつか注目すべきものがある。これらの遺構・遺物は，上は将軍家から下は庶民に至る幅広い江戸時代の諸階層の人々が残した生活の営みのあとであり，またわが国最大の都市の形成と展開を如実に示す史料そのものでもある。今日のわれわれの社会・文化の各方面にわたる基礎が江戸時代と呼ばれた近世の歴史過程の中に求められることはいうまでもない。その意味で，日本の

近世史とくに江戸時代における政治・経済，文化・社会に関する文献史学の基礎とその成果について，十分な知識を持つ必要がある。さらにはまた，鈴木尚氏が明らかに示すとおり，日本人の形質の形成，とりわけ日本人形質の近代化がこの時期に進行していた事実を知ることも重要である。したがって，江戸時代の考古学は，他の時代の考古学が求められている以上に，考古学以外の専門領域——とくに形質人類学，文献史学，民俗学——との提携を深めていかねばならない。しかし，忘れてはならないことは，そこにおける考古学独自の研究や分析をないがしろにすべきではないという点である。ぼう大な遺構・遺物について，まず考古学的に十分な分析と検討が行なわれて，はじめてこれらは歴史的な価値を発揮できるのである。現在調査中の遺跡で進行中の成果を未完成のままあえてここに紹介したのもこの点にある。

江戸時代の考古学で重要ないま一つの点は，その成果が，今日のわれわれの生活と歴史的にきわめて接近していることにある。つまり近世考古学は，日本の考古学の中で最も現代に近い位置を占めており，これは単に時間的な問題ではなく，われわれ自身の日常の生活・意識の中でそうであるという点が重要である。したがって近世遺跡の保護，調査成果の一般への公開にさいしては，そうした近世遺跡の持つ歴史的意義を正しく伝えることがたいせつである。近世考古学の資料の多くは，民俗学の知識と結びつけることによってより具体的なものとなるが，それがまた単なる過ぎ去った近い過去の社会・文化に対するノスタルジアに終らせるとすれば，近世考古学は一種の「道具屋の考古学」になってしまうおそれがある。このような点を回避しつつ，また多くの人々に暗々のうちに抱かれている近世遺跡軽視の風潮——これは一般の人々よりも，むしろわれわれ考古学研究者の中に根強い——を克服し，近世史再構成のための有効な役割を果たすためには，今後に多くの努力を重ねる必要がある。しかしそのことは，歴史科学としての考古学という命題をかかげる日本の考古学にとっては，当然の責務といわずして何であろうか。

本稿は各章末に記した遺跡調査団の調査員の分担執筆を鈴木が一部加筆のうえ編集したものである。

多摩における「近世考古学」事始

―甲野勇の研究から学ぶもの―

八王子市教育委員会
土井義夫
（どい・よしお）

> 近世を対象とする考古学は地域史の観点に立った研究が要求されるが，この場合，甲野勇の仕事に学ぶべき点が多い

江戸近郊としての多摩地区は，江戸の繁栄を直接ささえ続けてきた地域の一つである。そこには，生産にはげみ，生活を営んできた人々の様々な活動の痕跡が，いたるところに残されているのは当然のことであろう。けれども，その場所が，生産や生活の場所として，現在まで引きつづいて利用されてきた場合が多かったためか，考古学の研究対象となることはほとんどなかったのである。それは，むしろ考古学研究者が，江戸時代の町屋や村落が研究の対象となることに，長い間気づかなかったといった方がよいのかもしれない。

そのためか，先史考古学者として著名な甲野勇が，戦後この多摩地区を研究フィールドとし，江戸時代の遺跡を対象にいちはやく研究活動を開始していたことは，意外と知られていないようである。多摩地区では，ここ 10 年ほどの間に，この分野の研究成果が急速に蓄積されつつあるが，それは，かならずしも体系的な研究方法と総合的な枠組みを構成する段階には，まだいたっていないのが現状である。もし，近世を対象とする考古学が成立し得るとすれば，加藤晋平が強調するように[1]，地域史の観点に立った考古学の方法が確立されなければならないだろう。この場合，直接継承されることのなかった，甲野勇の研究を改めて確認しておく必要があるように思う。本稿では，甲野のめざしていた方向性を紹介し，そこに近世考古学の出発点を見い出しておきたい。

1　和島の発言と甲野の八王子城調査

戦後，考古学の物の見方，考え方を歴史教育という実践の場へ持ち込み，近世史はもちろん現代史の研究においても，考古学のテーマを設定し得ると説いたのは和島誠一であった[2,3]。その和島は次のように発言している。

私は歴史教育の中でいたるところに，考古学的な方法を生かしてもらいたいと思います。近世史でも，現代史でも，そこには，これまで考古学がそっぽをむきがちであったテーマが，たくさん身近なところにころがっています。それはまた，日本の考古学に新しい面を開拓することにもなるのです[3]。

この和島の発言を受けたかのように，埋もれた江戸時代を考古学の対象として，発掘調査を実践しはじめたのが甲野勇であった。甲野は，戦後，東京郊外の国立に居を移してからは，多摩地区を研究フィールドとし，多摩の歴史や民俗に関心を移していった。もとより，その視点は原始以来の各時代に注がれていたが，国府・国分寺，八王子城，桧原村の調査に重点が置かれていた。それは，多摩の古代・中世・近世・近代史を考古学・民俗学の立場から研究していく上で，格好の研究対象であったからであろう。そうした成果の一部は，名著『武蔵野を掘る』[4]を一読すれば明らかであるが，とくに八王子城をめぐる活動が目を引く。甲野は，八王子城の調査についてその動機とねらいを次のように述べている[5]。

八王子城址の本丸の近くで拾った，一個の陶片が機縁となって，私は天正十八年に海陸から関東にせまる，秀吉の大軍に対し「腰の差物類はひらひらと武者めくように仕度」させた農兵をかりあつめて立ちむかい，あえなく滅亡した北条氏に興味をいだくようになった。歴史家でない私には，もちろん本格的な研究はできないが，地下に埋もれた暮らしの跡から，その一族郎党の生態を探ろうと試みている。わが国の考古学界では，未だこんな試みをしたことがないので危んでいたが，その関係遺跡から掘り出したものには，当時の生活を物語る資料もかなり見られた。歴史学者と共同調査することができれば，新生面を開拓しうるかもしれない。

甲野は，戦国時代の埋没遺構の調査を通じて，当時の生活史を考古学的に明らかにしようと，学際的な研究を目ざしていたのである。そして，単に戦国時代の城館址を研究対象とするのではな

く，その視点は広く城下町の民衆や職人たちの生活址へと向けられていた。だから，1958年に奥田直栄らが八王子城要害部の一角に入れたトレンチの埋土の中から，焼けた数片の漆喰片を採集し，「八王子城と八王子石灰」と題する興味深い論考を発表したし[6]，翌年（？）には城下町地区に残っていた，武州下原刀匠山本氏の鍛冶工房址を発掘調査している。後者の成果は，「武州下原鍛冶の工房址を掘る」と題し『武蔵野を掘る』の一章として報告されている。そして，調査の目的とするところも，次のように明解に示されている。

　　昔日の鍛冶刀匠の工房のありさまは，川越市喜多院にある狩野吉信筆の『職人尽』（国宝）や『人倫訓蒙図彙』その他の古画に見られるが，その工房遺址の実態は，まだ明らかにされていない。そこでわれわれは戦国末期から江戸時代にかけての，刀匠の工房遺址を実地検証し，これに基づいて当時の造刀技術を明らかにするため，この地の発掘調査を行うことにしたのである。

　現在でこそ，江戸時代の遺跡の調査事例が豊富になってきたとはいえ，明確な目的意識を持って行なわれる場合はかならずしも多くはないといえる。しかし，この時点で，明確な研究目的をもって江戸時代を対象とした調査が開始されていたことは注目してよい。そして，甲野は，刀鍛冶と関連してその燃料炭の生産や供給の問題にまで視点を拡大していた。当然ではあるが，単に発掘調査という考古学的手続きのみではなく，『新編武蔵風土記稿』などの文献・古記録を渉猟して，地域史的視野からこの遺跡の問題を考えていこうとしていたのである。

　調査の結果，工房址2カ所が発見された。それについては，報告に詳しいが，甲野自身は次のようにまとめている[5]。

　　両者とも江戸時代のもので，西南隅に見られた遺址の方が時代は古いが，火窪その他の遺構はあまり破壊されずに原状をたもっていた。他の工房は前者より時代の降るものと思われるが，地表に近かったせいか，火窪の跡はかえってこわされていた。これは古い工房址を埋めたて，その上に造られたもので，その下を掘ると，タタラの跡かと想像される深い焼土の層があり，その辺りからタタラに用いる粘土製の羽口が発見された。時代のキメ手となる遺物はま

だないが，少なくとも上層にある江戸中期以後の仕事場より，古いものであることは確かである。遺跡は再調査するために，そのまま埋めておいたが，もしタタラだとすれば，古い時代の刀匠は製鉄から鍛造までを，一連の作業として行なっていたこととなる。

　ここにおいて，考古学の対象となり得る江戸時代の埋没遺構が，良好に残存していること，そして逆にそれを対象として江戸時代の技術史・生活史が考古学的に解明しうるという手応えがつかまれたということができる。

2　国立町の鋳物鋳造址調査

　さらに，甲野は1961年，北多摩郡国立町（現国立市）谷保の鋳物師関氏の作業場を発掘調査している。この関氏については，文書や記録類が散佚していて，いつからこの地で鋳物の鋳造をしていたか不明であるが，元禄4年銘の関氏鋳造立川普済寺の鐘銘から，元禄初年まで遡ることができるようである。廃業は明治23年なので，江戸時代（17世紀末）からほぼ2世紀にわたって，代々鋳物師として鍋釜など日用品のほかに，仏像・梵鐘・擬宝珠などもつくり，その遺品は多摩地方各地に分布しているという[7]。この調査の目的は次のようであった。

　　鋳物の鋳造に関しては，多くが口伝によって弟子に伝えられたためであろうが，文献も少なく，鋳造の状況を描いた絵などに至っては極めて少ないので，その技術は，僅かに一部の鋳金家が知るのみで，このままでは全くわからなくなってしまう運命にある。まして作業場の規模や形態などは，伝統的な技法を伝える鋳金家でも，昔どおりにやっているわけではないのであって，これらの点は，もはや発掘によって知る以外は，ほとんど手がかりがないといってよい。もちろんこの種の発掘調査は，従来行われたことがなかったし，われわれも鋳物の専門家ではないが，今や湮滅しかかっている伝統的な鋳物技術を明らかにしたいと考えてこの発掘を試みることにしたのである。

　この調査では，キューポラの破片と思われる煉瓦や鋳型は多数出土したが，攪乱が著しく，残念なことに工房址の全容はつかめなかった。甲野は，その理由について次のように述べ，この種の遺跡の残され方と調査のむつかしさに注意が必要

なことを指摘している。

その理由の第一は，この種の遺跡では遺物が残らないことである。鋳型は焼かないのが普通であるし，たとえ焼いた場合でも，使用後は再び砕いて用いるから，鋳型の残ることは稀である。キュポラもある程度使って傷むと破壊してしまう。したがって遺跡は煉瓦のかけらと鉄滓ばかりということになりかねない。

第二に，この種の遺跡は黒土層の上にあることが多く，また地面を掘り窪めたりすることが少ないから，竪穴住居址を発掘した時のように，判然とした規模を明らかにし難いのである。

3 考古学的方法による地域史研究の視点

以上，二つの調査事例を通して，甲野が明確な目的意識をもって，現代に残されている江戸時代の遺跡を考古学的に明らかにしようとしていたことは明確である。調査の対象としたのは，比較的素性の知られていた刀鍛冶と鋳物師の工房址に限られていたが，「これまで考古学がそっぽをむきがちであったテーマ」を採りあげることによって，日本の考古学界に新生面を開拓しようとする上では，むしろ当然の試みであった。したがって，その後，中央高速道路の予定路線の中に，多摩の数ある鋳物師の中でも，江戸時代に最も活動著しかった加藤氏の工房址がかかることに注目し，事前調査の対象地として発掘調査を行なったのも当然のなりゆきであった[8]。しかし，この調査の概報が作成されるころには，すでに病床にあり，翌1967年には不帰の客となったのである。

甲野の目ざしていた方向は，彼の残した文章の中には，これ以上多くは語られてはいない。しかし，和島の示した方向性を実践的に展開しようとしていたことは明らかである。その活動は，甲野が戦前・戦中の日本考古学のあり方に対し，無批判・無反省ではいられなかったところからきているように思える。

戦後，甲野のもう一つの目ざましい活動が，地方博物館における考古学成果の教育的実践の中にあったことは有名であるが[9]，それと背中合せに，戦後の考古学の大きな柱として，地域史研究を考えていたことは明白である。不幸なことに，この甲野の目ざしていた考古学的な方法による地域史研究は，直接的に継承されることはなかったようである。しかし，その後「近世考古学」を提唱した，中川成夫・加藤晋平のねらいも，この甲野とまったく同じ視点からであったこと[10,11]を考えると，私たちは改めて甲野の仕事に学び，その視点や方法を発展的に継承すべきであろう。

現在，多摩地区における江戸時代の遺跡については，陣屋跡・生産址・寺院・墓地・塚・民家址といった多様で興味深い調査例の蓄積が進んでいる。しかし，これらはいずれも個別的な調査の範囲を越えていない。こうした積み重ねが大切なことはいうまでもないが，今後はそれを地域，つまり近世村落の調査の一環として位置づけていくことが必要であろう。その場合に，甲野や加藤晋平らの先駆的な仕事[12]に学ぶべき点が多い。

すでに市街地化しすぎた地域では，困難な課題であるかもしれない。その意味では，多摩ニュータウン地域の豊富な調査事例に期待したい。その成果は，まだまとまった形では出されていないが，福田敏一の報告などは，近世村落の生活空間の一部に位置づける視点に立っているからである[13]。

註

1) 加藤晋平「近世の考古学研究と地方史」地方史研究，133，1975

2) 和島誠一「歴史学と考古学」日本歴史講座 1―歴史理論篇，河出書房，1953

3) 和島誠一「考古学と歴史教育―物の見方について―」歴史地理教育，5，1954

4) 甲野 勇『武蔵野を掘る』雄山閣出版，1960

5) 甲野 勇「北条氏関係の遺址を掘る」岩波講座日本歴史月報 3，1962

6) 甲野 勇「八王子城と八王子石灰」武蔵野，238，1959

7) 甲野 勇・中村 威「鋳物師関氏とその作業場―第一編発掘の概況―」武蔵野，44―2・3，1965

8) 甲野 勇・中村 威「八王子市横川町鋳物師工房跡発掘略報」『中央高速道路八王子地区遺跡 調査概報―元八王子・深大寺―』1966

9) 椚 国男『多摩に来た考古学者―甲野勇先生小伝』ふだん記全国グループ，1979

10) 中川成夫・加藤晋平「近世考古学の提唱」日本考古学協会第35回総会研究発表要旨，1969

11) 加藤晋平「博物館実習における調査について」MOUSEION，18，立教大学博物館学研究室，1972

12) 加藤晋平・宇田川洋「考古学と民俗学の間」物質文化，21，1973

13) 福田敏一「近世以降―空間的総括と若干の問題提起」『多摩ニュータウン遺跡』昭和57年度第2分冊，1983

特集●江戸時代を掘る

江戸の街を掘る

江戸の街は絵図などによってその概要が知られるが，発掘成果と対比した場合，どういう新しい事実が浮かんでくるだろうか

大名屋敷／武家屋敷／寺院／物資の流れ―焼塩壺／物資の流れ―陶磁器／江戸の街の出土遺物

大名屋敷（真砂遺跡）

文京区真砂遺跡調査会
小林　克
（こばやし・かつ）

文京区真砂遺跡は18世紀以降，唐津藩6万石の小笠原氏の中屋敷があったことが文献や出土した陶磁器などから知られる

　近年，都心部では大名屋敷の調査が，外務省構内[1]，旧芝離宮庭園[2]，麻布台1丁目遺跡[3]，東大構内遺跡[4]などで行なわれており，今回紹介する文京区真砂遺跡の調査もその一つである。これらは，いずれも調査ないし整理中であり，今後の報告ならびに研究成果が期待される。

　真砂遺跡は，住宅都市整備公団による高層住宅建設工事に伴い，1984年9月より調査を開始し，1985年6月に終了した。先土器時代・縄文時代・平安時代・江戸時代の遺構・遺物が検出され，現在整理作業を行なっている。とりわけ江戸時代の遺構・遺物は豊富であり，そのほとんどが大名屋敷に伴うものである。本稿では，出土遺物については整理作業中であることから，検出された遺構と，文献・絵地図などで判明した当遺跡の変遷について紹介する。

　当遺跡地は，本郷「かねやす」[5]に近い，江戸時代には「御弓町」と呼ばれた，現在の本郷4丁目8―3に位置する遺跡である。ここは標高21mほどの台地上であり，北側には東から西に向かって小さな谷が延びている。この谷の北側には，「明暦の大火」の火元として有名な丸山本妙寺が存在した（寺は1910年に巣鴨に移転）。当遺跡の周辺は，多少地割が細かくなり，また幹線道路が拡張されているが，おおかた江戸時代の町割の姿を留めている。当遺跡約3,000m²は，以前秩父セメント株式会社の所有地であったが，この土地は明治21年以降に，江戸時代の大名屋敷が細かく分割されたものの一部である。したがって当遺跡はあくまでも大名屋敷の一角を占めるに過ぎず，これから述べる調査の成果も全体に及ぶものではないことを，あらかじめ断わっておく。

1　遺跡の変遷

　江戸幕府が成立し近世都市江戸の開発が進むにつれ，当遺跡地周辺も17世紀中頃には屋敷地となり，本妙寺も移転して来る。またこの近辺には「御弓組同心」の組屋敷が存在し，それが江戸時代の町名の由来ともなっている。

　しかし当遺跡地は，1679年（延宝7）の『江戸方角安見図』[6]や1693年（元禄6）の『江戸正方鑑』[7]を見ても，はっきりとした屋敷などの存在を示す記載はない。また『御府内往還其外沿革図書』[8]を見ると，当遺跡地は延宝年中（1673～1680）では，「御先手組大縄地」の一角であり，1703年（元禄16）では「明地」と記載されている。それが1704年（宝永元）の絵図では，「小笠原佐渡守」の屋敷となっている。この「小笠原佐渡守」とは，

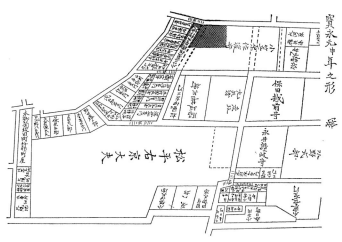

図1 「宝永元年」の絵図

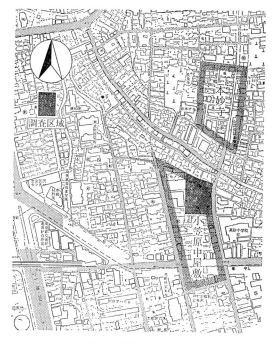

図2 真砂遺跡位置図

当時武蔵国岩槻藩主であった小笠原長重のことであるが，このことは，前掲書に「同年同月（1704年6月）小笠原佐渡守屋敷ニ成……」とあり，小笠原長重がこの年にこの地を拝領し，屋敷を建てたと考えられる[9]。

この記載に関連して，発掘調査で出土した陶磁器類や貨幣を見ても，そのほとんどが18世紀以降の所産である。また後述する上水井戸関連遺構より古い遺構は，溝1基のみで，他の遺構は新しく，遺構・遺物ともに18世紀以降のものが主体を占める。

1704年以降，小笠原氏の屋敷は，範囲を変えることなく，1858年（安政5）まで続く。この間，絵地図[10]には中屋敷の記載が見られ，小笠原氏の中屋敷として使用されていたことがわかる。1858年には信濃上田藩主松平伊賀守（松平忠周）の屋敷地と相対替えになり[11]，その後は明治に至るまで，松平氏の上屋敷および中屋敷として使用された[12]。

さてここで登場する，小笠原氏と松平氏について簡単に触れておく。小笠原氏は，小笠原忠知を祖とする，肥前唐津藩6万石であり，また松平氏は，松平忠晴を祖とする，信濃上田藩5万3千石であり，双方とも，徳川時代においては，譜代大名であった。

明治時代では，1874～1898年の間，警視第4病院であり，その後は細かく地割され，その一角が個人所有の屋敷地となり，現在の遺跡の範囲となった。

以上が当遺跡地を中心とした地域の変遷の概略であるが，一番必要な屋敷の配置図（藩邸図面など）が見つかっておらず，現在（6月）も調査中である。

2 上水井戸と掘り井戸

江戸の人口増加に伴い，武士・町人などの飲料水を確保するために，神田上水・玉川上水を始めとする上水道が次々と設営された。こうした中で千川上水が，1696年（元禄9）に玉川上水から分水する形で設けられ，本郷・浅草方面に給水が開始された[13]。

このような上水道は，木樋・石樋などを使用しており，都心部の工事現場でよく発見されることがある。当時の上水は，現在の水道のように，蛇口をひねれば水が出るというものではなく，上水井戸に自然流水を溜めて，それを汲み上げて使用したものである。

図4は，1715年頃の上水図[14]の抜粋であるが，ここには千川上水を，現在の本郷3丁目の交差点付近から，小笠原佐渡守の屋敷内に引き入れている記載が見える。このことから1715年頃には小笠原佐渡守の屋敷内で上水井戸を使用していたことがわかる。真砂遺跡で発見されたものが，この

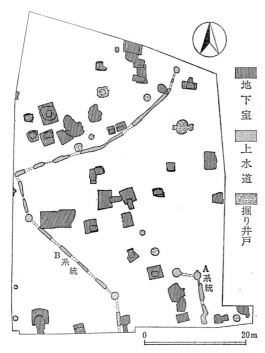

図3 遺構配置図

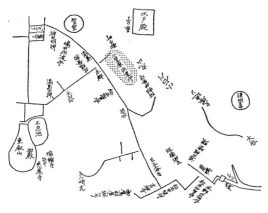

図4 上水図抜粋（千川上水）

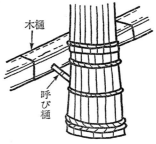

図5 『守貞漫稿』所収図

上水井戸と考えられる。

遺跡内では上水井戸5基と，それをつなぐ樋管を埋設するための掘り込み17基が検出され，これらは南から北に向かって連らなっており，東側のA系統と西側のB系統に分かれている。これらは地中でつながっており，遺跡の南側と北側では溝底のレベルはほぼ水平である。さきの上水図から見ても，現在の春日通り方面，つまり屋敷の南側から千川上水を引き入れ，それを数系統に分けて北側に向かって流したものであろう。

5基の上水井戸はみな円形を呈し，径130～150cm，深さ240～300cmを測る。覆土は黒色土であり，陶磁器・釘などが出土したが，木枠などの附属施設物は残存していない。樋を埋設するための掘り込みは不整長方形を呈し，規模は代表的なもので320×70cm，深さ250～200cmを測る。この掘り込みは，約2m間隔で並び，両側から掘られ，地中でつながっている。上水井戸部分では，上水井戸の底よりやや高い位置につながっている。また2系統ともに最後は上水井戸で終わっており，この2つのことにより，各々の上水井戸に汲み上げるために十分な水が溜ったのであろう。この掘り込みは，底部は粘土質の土，上部はローム質の土で埋め戻されており，構底には樋を設置した痕跡が数カ所で確認された。これからすると，A系統とB系統の途中までは，一辺25cmほどの木樋が使用され，B系統の途中からは底部の幅が約10cmほどに狭まり，また断面観察で径約10cmほどの円形の黒色土部分が確認されていることから，竹管を使用したと考えられる。

江戸時代の上水井戸の様子が『守貞漫稿』に描かれており，これによると，上水道から竹の「呼び樋」で水を上水井戸に引き入れているが，真砂遺跡のものは，上水井戸がダイレクトに上水道につながっており，従来知られていた構造とは異なっている。

また上水井戸の他に，掘り井戸が10基検出されている。発掘調査では危険なため深さ4mほどしか調査できず，構造的に掘り抜き井戸[15]かは判明しなかった。しかし現在のボーリング調査によると水脈は非常に深く，当遺跡で検出された掘り井戸は，掘り抜き井戸の可能性が強い。

ここで一つの疑問として，なぜ上水井戸が存在するのに，掘り抜き井戸を作ったのであろうか。現時点では次のように推論している。

千川上水が新設されたのが1696年のことであり，また小笠原氏の屋敷が建てられた年代は1704年と推察されることから，おそらく当遺跡の上水井戸も同年頃に設営されたものと考えられる。そして先の上水図から見ても，1715年頃に上水井戸が使用されていたのは明らかである。しかし

1722年（享保7），幕命により本所・青山・三田・千川の四上水が廃止されてしまう。これによって小笠原氏の屋敷でも上水井戸は使用不能となり，代わりに当時技術的進歩により可能となっていた，掘り抜き井戸を屋敷内に作り，飲料水などの確保を行なったと考えられる。

　しかしこのことは，現在整理中の遺物の検討，より綿密な文献の史料批判などを行なった後に結論づけたい。

3　地下室の機能

　真砂遺跡では33基の地下室が検出されており，その内代表的なものを口絵に掲載した。

　口絵1は室部分に張り出した階段が作り出され，南壁西側の高さ140cmほどの部分には，燈明具を置いたと思われる小さな棚が穿たれ，内壁には煤が付着していた。全体が綺麗に整形されている。

　口絵3は天井部に直接長方形の入口部が作られており，地中には四方に室部分が広がっている。入口部の下には，床面より30cmほど高まった部分が存在する。全体が綺麗に整形されている。

　口絵4は袋状を呈し，オーバーハングした壁面には工具痕が残ったままである。

　当遺跡で検出された地下室はおおよそこの3タイプに分類される。しかしこれらの中でも，規模・形態・附属施設の有無などで数々のバリエーションが存在する。

　従来，地下室の機能については様々の議論がなされているが[16]，その中で「火災時等に貴重品等をしまう穴蔵」と「貯蔵庫」説[17]は有力視されている。当遺跡の地下室は大名の中屋敷内のものと考えられるが，形態的に数々のバリエーションが認められ，またその数も非常に多い。これらの機能については，今後検討を加えていくつもりであるが，ただ単一の機能を有するとは考えられず，形態差によりいくつかの機能を想定すべきであろう。

4　まとめ

　今回紹介した遺構の他にも，溝12基，土坑約150基，柱穴などが検出された。土坑は「ゴミ穴」として掘られたものもあり，中には同一地点が何回も掘り返され，結果として，約10×10m，深さ3.5mを測る巨大なものも存在する。柱穴

は遺跡全体から検出されているが，近代以降のものも存在し，現在遺構との関係，同時期性などを検討中である。

　出土遺物は，陶磁器・土人形・土製品・金属製品・硯・瓦などがコンテナで約600箱ほど出土しており，地下室・上水井戸関係遺構・掘り井戸・溝などからの出土数は比較的少なく，土坑からの出土数が非常に多い。

　また上水井戸の設営された時期を確定することにより，樋管を埋設するための掘り込みから出土した遺物の年代を，消費地の年代としておさえられよう。

　今回の調査の成果として，上水井戸が検出されたこと，地下室が多数検出されたことが挙げられる。しかしこれは，文献史料と出土遺物の検討を行ない，遺跡の実態像を明らかにしていくことによりはじめて，有意義な史料となる。こうした後に当時の大名屋敷での生活の実態を明らかにしていくことができよう。

註

1)　東京都教育委員会『都心部の遺跡』1985，筑前黒田家の上屋敷

2)　前掲書，相模小田原の大久保家の下屋敷

3)　前掲書，羽前米沢の上杉家の中屋敷

4)　上野佳也・西田泰民「東京大学構内（本郷）の遺跡調査」東京都遺跡・研究発表会Ⅹ（発表要旨），加賀前田家の上屋敷とその支藩の大聖寺藩邸

5)　川柳に「本郷もかねやすまでは江戸の内」とある本郷三丁目の交差点に近い，老舗「兼康」のこと

6)　江戸方角安見図「古板江戸図集成」巻1

7)　江戸正方鑑「古板江戸図集成」巻3

8)　『御府内往還其外沿革図書』13巻

9)　『御府内往還其外沿革図書』は，1843年（天保14）の成立であり，この書の元となる史料にあたり検討を加えたい。

10)　「江戸切絵図集成」（本郷・湯島絵図）第3・5巻

11)　『東京市史稿』市街編第49の中に「安政五年七月六日……本郷弓町小笠原佐渡守屋敷家作共被下之松平伊賀守」とある。

12)　桜井松夫「大名の屋敷と生活―上田藩主松平氏の場合―」信濃，27―2，1975

13)　『東京市史稿』水道編第1の275頁7行目

14)　『東京市史稿』水道編第1正徳末頃の図

15)　掘り抜き井戸とは，井戸の底に竹を打ち込んでさらに深い層から水を確保する井戸のことで，これは18世紀前半より江戸市中で盛んに作られた。

16)　金丸義一「遺構から見た江戸建築の一例」『都心部の遺跡』1985に詳しい。

17)　大谷　猛「江戸時代以降の遺構」『動坂遺跡』1978

武家屋敷 (動坂遺跡)

東京都教育委員会
■ 芹澤廣衛
(せりざわ・ひろえ)

文京区の動坂遺跡には江戸時代中頃から幕末にかけて榊原家屋
敷,鷹匠屋敷,鷹匠同心組屋敷と3時期の建物が存在していた

1 調査地の沿革

動坂遺跡[1] は,江戸享保年間に千駄木御鷹匠同
心組屋敷が置かれた所であり,現在の文京区本駒
込3丁目16番,都立駒込病院構内北東端の一角
および駒込公園に相当する。この付近には当時,
鷹狩に使う鷹を飼育する御鷹部屋(本駒込4丁目
30~35付近)そして鷹匠たちが居住する御鷹匠屋
敷(千駄木3丁目10~16付近)が置かれており,これ
らによって千駄木御鷹匠支配が構成されていた。

鷹狩とは,鷹などの猛禽類が本来持っている生
きた獲物を捉える習性を利用した狩猟方法の一形
態で,野生の鷹や隼を飼い慣らし,鳥や小獣を捕
えさせる遊猟として,古くは古代から中国やヨー
ロッパで行なわれていた。日本でも,群馬県太田
市オクマン山古墳出土の鷹飼人埴輪などにみられ
るように,古墳時代後期にはすでに朝廷や貴族な
ど,支配者階級の遊びとして重要な位置づけがな
されていたようである。その後,鎌倉時代に入っ
て武士の遊びとして拡がり,戦国時代になってか
らは,もっぱら領内や敵地の情報収集にその重点
が置かれるようになった。しかし,その職制が確
立するのは江戸時代寛永年間に入ってからで,こ
の頃には鷹狩は,単なる遊猟や保養を目的とした
ものではなく,将軍家や大名が農民に対する支配
体制を維持するための手段の一つとしての性格が
強くなっていた。この職制は初期のものと,貞享
4年(1687)5代将軍綱吉により発せられた生類
憐み令で約30年間中断された後のものとは若干
の違いがみられる。しかし,基本的には将軍家直
属またはそれに準ずる独立した体制がとられてい
た。鷹匠同心とは,将軍家の鷹狩の際,その身辺
を警護する侍集団で,禄高は15俵2人扶から30
俵3人扶までであり,総150名ほどで構成されてい
た[2]。当初,鷹匠同心の勤務地は本郷の御鷹部屋
にあったが,享保2年(1717)の江戸大火により
焼失したため,これを契機に2組に分けられ,1
つが雑司ヶ谷(現在文京区大塚6丁目12~14付近)

に,他の1つがこの地,千駄木に移されている。

千駄木御鷹部屋の鷹匠頭は,寛永5年(1628)に
初代となった旗本戸田久助貞吉(1,280石)以来,
享保1年(1716)以降の戸田五助勝房(2,080石)
に至り幕末まで戸田家が世襲として代々任ぜられ
ており,調査地は,この戸田組の鷹匠同心屋敷の
一部にあたっている。

さて調査地を各種の古地図などによって過去に
遡り辿っていくと,次のようになる。都立駒込病
院は,『東京名所圖會』によると「東京市駒込病
院は,駒込動坂町にあり。明治十二年虎列刺病流
行の時,設置したる舊避病院の一にして,―中略―
病室二棟を新築したりしもの,その起源たり,後
ち,一度閉院して東京府に引き継ぎ遂に之を毀撤
し」そして「十九年六月向ヶ丘彌生町の避病院を
其跡に移し―中略―三十年より東京市に属し,之
を常設傳染病院とし」とあることから,その開設
は1879年(明治12)であった。それ以前は,
1885年(明治18)内務省地理局東京五千分壹実測
図によるとほとんどの部分が畑地となっている
が,2区画分が白地で示されており,これが当初
建てられたコレラ患者隔離病室2棟と思われる。
この地に鷹匠に関わる記載がみられるのは1869
年(明治2)の形を表わした「明治三年東京大絵
図」で,ここにようやく「元御鷹匠ヤシキ」の表
示を認めることができる。また『御府内場末沿革
図書』(1856年編)第25巻「駒込之内」にこの地
域の変遷が記されている。これによると当地は,
江戸時代中頃から幕末まで鷹匠同心の組屋敷であ
ったことが記されており,本書を年代順に追って
行くと,延宝年間(1673)から元禄5年(1692)ま
で「上下駒込村入會」とあり農地であったが,宝
永3年(1706)2月榊原式部大輔の屋敷となっ
た。正徳2年(1712)同家は小石川白山に転地と
なり,正徳5年(1715)6月松平甲斐守の預り地
となるが,榊原屋敷はそのまま残されていたよう
である。享保2年(1717)4月,これが「御鷹方
御役屋舖」となるが,当時は鷹匠同心の屋敷では

なく，真野久左衛門，中田甚三郎 などの 18 名（後 17 名）の鷹匠が居住する屋敷であった。その後享保 3 ～ 4 年（1718～19），東西に隣接する専西寺，大林寺，海蔵寺を防火上の理由によって移転させており，このうち海蔵寺跡地は享保 11 年（1726）に鷹狩の際必要な動物や馬の訓練などをする「御鷹御用活物并御馬仕入場」となった。

享保 6 年（1721）前半，4 年間当地に居住していた鷹匠真野久左衛門ら 17 名は東へ約 400 mほど離れた，現在の千駄木 3 丁目 10～16 付近に移され，同年 4 月に鷹匠同心の組屋敷が置かれることとなった。すなわち，享保「六年丑年四月東手御鷹方御役屋舗被召上千駄木ニ而 御鷹匠拾七人 代地被下當所御鷹方上ヶ地者同町之内 江新道出来戸田五助組御鷹匠同心深沢治助北原加兵衛一中略一沢七郎右衛門一中略一五拾人屋舗 當時御鷹方御役屋舗 并御犬小屋活物飼場等ニ成」とあり，鷹匠たちの屋敷の代地を千駄木に求めた後，建物を取り払い，3 本の新しい道を設け，戸田五助配下の鷹匠同心 50 名の屋敷地とし，その南の一隅に犬小屋などをあてたのであった。その後，明治時代に入り，鷹狩制度が廃止されるまでの約 1 世紀半の間，この地は鷹匠同心たちの屋敷地として代々引き継がれて来たのである。

このように，当地には江戸時代以降，榊原式部屋敷，鷹匠屋敷，鷹匠同心屋敷の 3 時期の異なった建物が存在していたわけで，調査地にも，これら 3 時期の痕跡が混在して刻まれているものと考えられる。このうち，当時の屋敷割を窺うことができるのは『御府内場末沿革図書』に示された鷹匠同心の屋敷だけであり，他にはない。これによると，調査地は同心深沢治助，北原加兵衛，沢七郎右衛門ら 3 名の屋敷跡であったことは確実であるが，各々の屋敷堺をどこに求めるかについては残念ながら結論を得るには至っていない。

2 調査の概要

調査は都立駒込病院の改築工事に伴うもので，縄文時代中期の貝塚発見がその発端であった。

検出された江戸期の遺構は，地下室 8 基，土壙 46 基，溝址 4 条，柱穴様ピット若干で，それらのほとんどが御鷹方御役屋敷に関連があるものと考えられた。出土遺物の大部分は陶磁器類で，江戸時代後半に佐賀県有田，長崎県三河内，波佐見，愛知県瀬戸，岐阜県美濃において生産されたもの

である。ほかに灯明皿などの灯火具，焙烙・摺鉢など調理用器，泥人形・泥メンコなど素焼の玩具・雑器類もあり，これらは今戸窯など江戸近郊の窯で焼かれたものである。また当時の食生活の一端を現わす魚貝類などの動物遺存体も出土しているが，台地という遺跡の立地上，金属製品や木器類とともに，その量は比較的少ない。

地下室 8 基検出されているが，3 基は現状保存部分にかかるため完掘されていない。いずれも廃棄後人為的に埋められており，後に述べる土壙とは異なり遺物の出土量は極めて少ない。室部の形状は方形で，ロームを切削した出入用の階段を持つものが多く，天井に方形の開口部を持ち，ここから梯子を用い出入したものは 1 基だけであった。附属施設には灯明皿を置くための切込みや，室部や階段部の底面に小ピットを備えているものもある。これら地下室の位置関係には一見した統一性は認められないものの，各々が 12～14m 間隔に配置されていることや，階段部の方向がほぼ東西または南北に向いていることから，何らかの規制があったことを物語っている。構築の時期は，他の遺構との切り合い関係から調査地内では古期に属すると考えられる。

地下室の用途については，すでに本遺跡や白山四丁目遺跡[3]の報文をはじめ，若干の論考が進められており[4]，検出例が武家屋敷に集中して認められる点に注目するならやはり，松戸市大谷口小金城跡[5]の”地下式土倉“の系統を引く貯蔵施設または，緊急時の穴蔵として理解して間違いないであろう。最近，都内でも地下室の検出例は多く，その形状や附属施設などに多様性をみることができる。これらを，いくつかにグルーピングし，多方面から分析することにより，地下室に単一的な用途を当てはめることの可否も自ずと明らかになるであろう。

土壙 46 基の土壙のうち，江戸の遺物のみを認めるものは 15 基，他の 31 基は明治時代の遺物も混入していた。これらの形状には，概して円形のものと方形のものとがあるが，個々の規格性，遺物の出土傾向，長軸方向の統一性から，後者の方形土壙を江戸時代のものと考えた。覆土中の遺物量は極めて多く，陶磁器類などが原形をとどめた状態で出土し，堆積土はレンズ状をなし，動物遺存体も顕著である。

さて，本遺跡や白山四丁目遺跡におけるあり方

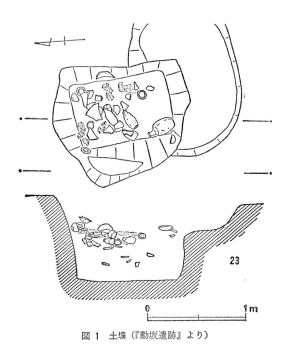

図1 土壙（『動坂遺跡』より）

を見ると，両遺跡とも，一定の規格がみられ，遺物は上層に集中し，方向に共通性があり，旧地割に直交または平行している。これらのことから，土壙は最終的には不用物の投棄場にされているが，当初は日常生活物資の貯蔵用として建物の床下などに作られたものと思われる。

その他の遺構 柱穴様のピットや4条の溝址が検出されている。これらのうち，約9.6mにわたり南北に走るピット列は，溝3（報文附図3に溝2とあるが，これは誤まり）と平行し，地下室の長軸と平行または直交する傾向にある。一方，溝1と溝2は，ほぼ直交し，方形土壙の多くと並ぶ関係にある。このように，調査地の遺構は，溝3に関連する遺構群と溝1・2に関連する遺構群との2つのグループに分けることができるようである。すなわち，前者の溝3を基準とするグループが，1717年から1721年までこの地に住んでいた鷹匠真野久左衛門らの屋敷に伴う遺構群であり，後者

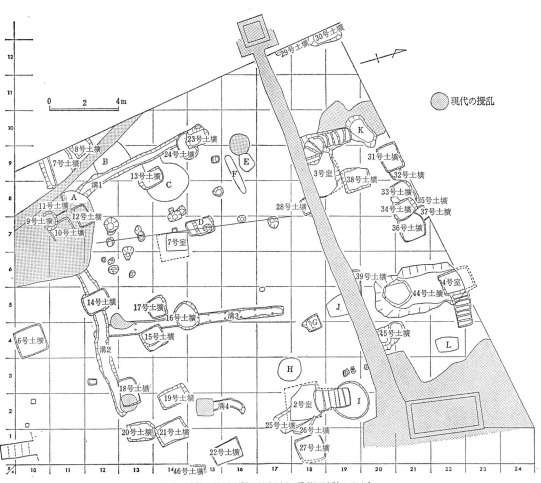

図2 遺構全体図（第二次調査）（『動坂遺跡』より）

の溝1・2に代表されるグループは，1721年以降この地に移った鷹匠同心深沢治助らの屋敷に伴う遺構群であると考えられる。

遺物 出土遺物は，直接鷹匠同心たちの生活に結びつけられるべきものであるが，彼ら特有のものを抽出することは難しい。多量の陶磁器類は，18世紀後半から19世紀前半にかけて有田や瀬戸，江戸近郊で焼かれたもので，生産地対消費地の時間および空間的な関係を知るうえで，大変貴重な資料であるが，それら自体は日常生活で一般に使用された，いわば雑器がほとんどで，舶載品や京焼などの高級品はないという。禄高30俵3人扶以下では，むしろ当然とも考えられる。陶磁器の生産年代から，これらはこの地に移ってきた鷹匠同心の2～3代以降の人々に使われたものであろう。武家を連想させるものといえば，小柄や柄頭金具などの刀装具があげられ，やや"値が張る"ものとしては，元禄時代の田植風景を描いた金蒔絵の添木杯や裏面に金箔を施した厨子の扉など数点に限られる。魚貝類は，同心たちの生活を現わして質素である。貝類では，アサリ，ヤマトシジミ，ハマグリが多く，サザエ，アワビは少ない。大形のアワビは，鷹の訓練にも使われたので，食用ではなかったかもしれない。一般にマグロ類は，刺身や切身で購入するものであるが，マグロ類の椎体などが少量出土しているのは，これらの粗を買い猟犬にでも与えたのであろうか。鳥類の骨は貝類についで多く，これは調査地が鷹狩に関連することを物語る数少ないが重要な資料である。ガン，カモ，キジ，サギは計39個体で，これらは鷹の獲物として一般的であり，生きたまま捕獲されたものは，訓練に使われたとも考えられる。獲物の筆頭である白鳥や鶴の骨が出土しないのは，捕獲後，直ちに将軍の命によって城内に持ち帰られたためであろう。鳥で最も多く出土したのは，ハト・スズメで計77個体を数えた。これらは，鷹の餌や訓練に用いられたもので，その時に応じて生きたまま切り離し与えられたという。

3 調査地と江戸時代の地割

江戸遺跡の調査を実施する際，調査地には当時何が存在したかを知るため，古地図などと現代の

図3 動坂遺跡付近における旧地割（1721）と調査地

地図を対比する必要が生じる。本遺跡の場合も同様で,『江戸切絵図・東都駒込辺絵図』(1857) をみると,周辺の吉祥寺などの位置関係から,「御鷹匠屋敷」と記されている部分が調査地に相当することが判断できた。次に『御府内場末沿革図書』を調べると,ほぼ現況と一致しており,調査地をかなりの確度で割り出せるようであった。図3は,これに現代の地図を合わせたものである。むろん,完全に一致するわけではないので,若干の修正を加えざるを得なかった。修正の基準には,吉祥寺,天祖神社など,当時の形と変化の少ないと考えられる部分を用いた。スクリーン・トーンで示した部分が 1721 年当時の道で,南西の吉祥寺門前に面するのが現在の本郷通り,南下して本郷は"兼康"に至る。斜線の部分が調査範囲で,深沢・北原・沢3名の屋敷にあたり,その南端は沢屋敷と浦上加助屋敷に挟まれた,同心組屋敷内を東西に縦断する「新道」に一部かかっている。この3屋敷の境界については,確証がなく,多分に推測の域を出ないが,溝1・2と土壙との軸線を重視し,深沢屋敷の東南面が 22 間2尺,北東面が 11 間1尺,南西面が4間4尺[6]であったことを考慮に入れると,深沢・北原両屋敷が面している南東側の道は3号室と2号室の間を (22,1) 区から (16,11) 区方向,東西よりやや北に角度を振って通っており,深沢屋敷と北原屋敷の境界は3号室と4号室の間,(19,5) 区4号室の西側を通り (35,13) 区に至っていたものと思われる。

さて,白山四丁目遺跡についても同様の作図を試みた。図4は,安政4年 (1857) の遺跡付近の絵図 (『江戸切絵図・東都駒込辺絵図』) を簡略化したものである。この一帯は元和 (1615～1623) 年間から長方形に区画された道が敷かれ,御家人の屋敷として開発が始められている。斜線の部分に調査地を示したが,『御府内場末沿革図書』18・19 巻

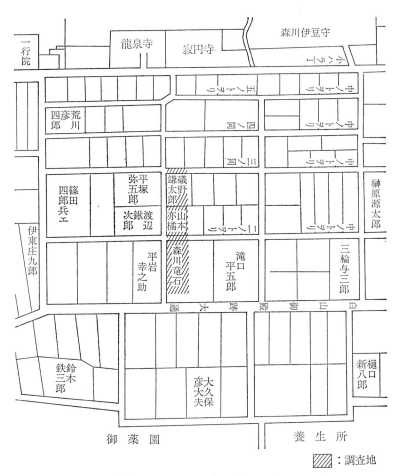

図4 『東都駒込辺絵図』(安政4＜1857＞年)

小石川之内によれば,元和 (1615～1623) 年中：小屋敷,元禄 11 年 (1698)：大原作右衛門,永江傳右衛門,橋本平八郎,高橋又兵衛,野口作左衛門,他空地,嘉永7年 (1854)：柴田重三郎,永江,山本銀次郎,磯野釜 (鎌) 太郎の名があり,安政4年 (1857) には,森川竜石 (柴田・永江両屋敷跡),山本,磯野となり幕末をむかえている。図5が現代の地図をこれに重ねたものである。図4によると,当時,白山御殿跡大通と寂円寺との約 193m の間には,北西から南東に6本の通りがあり,これらにほぼ直交する,北東から南西に向う4本の通りがあった。「二ノトヲリ」と「五ノトヲリ」は,1887年 (明治 20) の内務省地理局5千分の1地図によると,廃絶されている。現在では,それらに続く「中ノトヲリ」もすでにない。また,「中ノトヲリ」や「三ノトヲリ」が出合い,この地点で直交する北東から南西へ走る通りは,1887 年の図には認められるが,「三ノトヲリ」から北東側は現在家並となっている。その他,「白山御殿跡大

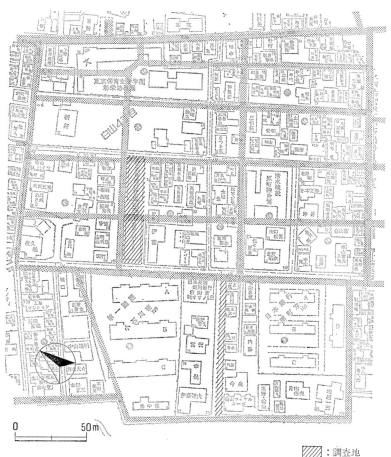

図5 白山四丁目遺跡付近における旧地割と調査地

▨：調査地

通」や「三ノトヲリ」，「四ノトヲリ」は北東方向に若干ずれている。白山四丁目遺跡調査の際，「二ノトヲリ」の消滅に気づかなかったため，森川屋敷を調査地と理解していたが，この図（図5）の作成により，調査地が森川・山本・磯野の3屋敷にわたっていたことが判明した。

古地図や絵図とを現代の地図上に安易に重ねることの危険性は大きい。しかし，ここであえてそれを試みたのは，調査地を割り出すためにこの作業は必要不可欠であり，今後付近の再開発にあたっても利用できると考えたからである。さらに，江戸遺跡全体の保護を進めるためにも各所のデータを拡充し，将来的には御府内全域にわたって各時期の変遷が捉えられる"江戸遺跡地図"として完成させる必要があろう。

4 おわりに

動坂遺跡の調査を実施した1974〜75年頃は，江戸遺跡の発掘調査に関しては未だ黎明期にあったといってよい。このため，検出された遺構は他に類例を求め解釈することが難しく，調査範囲も屋敷地全体から較べるとごく一部にすぎず，鷹匠同心屋敷の内容を細かに言及する資料を得るまでには至らなかった。また，陶磁器や近世文書についての知識にも暗く，充分にそれらを活用できたとはいえない。しかし，最近都内では，江戸遺跡の発掘調査が各所で実施されつつあり，新たにさまざまな遺構・遺物が資料として多量に集積されている。これらから，より大きな成果を得るためには，陶磁器，文献，自然科学など各専門分野の研究者が参画することが必要であり，それにより，江戸遺跡の調査・研究も格段の進展をみせることであろう。

江戸遺跡は，御府内に地域を限ったとしても千代田区・中央区など11の行政区にわたる広大な都市遺跡である。この保護を行政が進めて行くうえでの問題は山積している。第一に江戸遺跡の"遺跡"としての認知である。第二に都心部およびそれに隣接する地域を調査対象とした場合，絶え間なく進められている再開発に対処する調査体制の問題，そして膨大な出土資料は調査に必要な期間・経費を長期間・高額なものにしている。これらのさまざまな問題点を解決するためには，常に市民，開発関係者，研究者そして行政が相互の立場に理解を持ち努力と協力をしながら進めて行く以外に方法はないようである。

註
1) 動坂貝塚遺跡調査会『文京区・動坂遺跡』1978
2) 笹間良彦『江戸幕府役職集成』雄山閣，1964
3) 白山四丁目遺跡調査会『文京区・白山四丁目遺跡』1981
4) 中田 英「地下式土壙の現状について」神奈川考古，2，1977
5) 大川 清・岩崎卓也「地下式土倉」『大谷口』1970
6) 金丸義一「遺構からみた江戸建築の一例」『都心部の遺跡』東京都教育委員会，1985

寺　院（浅草寺）

埼玉大学講師
■ 荒木伸介
（あらき・しんすけ）

古来より庶民の信仰を集め，徳川家の保護をうけた浅草寺の五
重塔再建に伴う調査で池跡，井戸跡，火葬墓などが発見された

1　浅草寺の歴史

あらたまって「金龍山浅草寺」というよりは，「浅草の観音さま」の方が通りがよい。

浅草寺は，古来より庶民の信仰を集め，また，寺を囲む歓楽の街を含めて，この一帯は江戸を代表する名所であり，他に類例を見ない近代都市の広場的性格をももった憩いの場として発展してきた。

寺蔵の「浅草寺縁起」によれば，寺の草創は推古天皇36年（628）檜熊浜成，竹成兄弟の漁網にかかって出現した聖観音像を土師真人中知とはかり，一堂を建てて祀ったことに始まるという。

縁起による草創年代はともかくとして，浅草寺は関東屈指の古寺名刹であることは間違いない。というのは，戦後の本堂復興工事にともない，その地下から発見された出土品によって充分に推測されるからである。しかし，今日に至るまでの沿革を明らかにするだけのものではなく，また，文献的史料もきわめて少ない。中世以前についてはほとんど不明といってよい。わずかに『吾妻鏡』の治承5年（1181）7月大3日の条に「若宮営作事」として，鎌倉中には秀れた工匠がおらず，「武蔵国浅草大工字郷司」を召し出した記事があり，この記事から，秀れた堂宮大工が浅草に当時在住しており，彼らを必要とした場が浅草寺ではなかったかと推測されるのである。

浅草寺伽藍の変遷について，多少なりとも文献的史料によってたどれるようになるのは，ほとんど近世に入ってから後である。しかも，再三火災と再建を繰り返し，最も繁え，伽藍が整備されていた江戸期の姿も昭和20年3月10日の東京大空襲によって烏有に帰してしまった。

戦災焼失の諸堂の復興は，昭和26年から始められ，昭和33年に本堂，同35年に雷門，同39年に宝蔵門（旧仁王門）と順次進められ，昭和45年には五重塔院建設の基本構想がまとめられた。この時，設計者の一人である東京大学名誉教授藤

島亥治郎博士より，建設予定地の発掘調査の必要性が説かれ，寺院側の全面的賛同を得て調査が実施されることとなった。

もちろん，この調査より先にも戦後まもない昭和24年10月，後藤守一明治大学教授，古江亮仁大正大学助教授を中心に，五重塔跡の心礎周辺，本堂跡周辺の発掘調査が行なわれている。この調査は，たった2日間でしかなかったが，塔は現地表下2m以上も掘り下げて版築された掘り込み基壇であることを確認し，寛永通宝7枚と鮫の脊椎骨1個の出土を見た。また，本堂東側石階付近の調査では，鎌倉期以後と推定される布目瓦多数，土師器片8個などが出土している。

昭和26年5月には本堂再建に着手され，その基礎工事に際し，一山の学僧網野宥俊師の努力によって遺物の採集が行なわれた。この時には巴文に16個の珠文帯を配した軒丸瓦片，4種の軒平瓦片を含む多数の瓦片，和銅開珎1枚，富寿神宝2枚，承和昌宝1枚，長年大宝1枚の4種の皇朝銭と宋銭，明銭それぞれ多数が採集された。また，土器類も縄文土器（安行2式）から近世のカワラケに至るまで多量であった。とくに注目されるのは須弥壇の下約2mの地山直上付近で発見された陶鉢や須恵器華瓶であろう。石田茂作博士によれば，これらは奈良末から平安にかけての頃のものではないかとされた。

このようにきわめて貴重な遺物が多数採集されたのであるが，層位的検討や遺構については充分な調査は残念ながら行なわれなかった。というのも，戦後まもない当時としては，本堂再建が第一でありやむを得ない状況にあった。

2　五重塔院再建時の調査

藤島亥治郎博士の提案により，五重塔院の建設予定地については全面的に発掘調査を行なうことが決定され，藤島博士を団長とし，中川成夫，加藤晋平，田中淡そして筆者らによる調査団を急拠編成，昭和45年4月10日から約2ヵ月の予定

38

調査地全景
（右上：伝法院庭園，左：仁王門から仲見世）

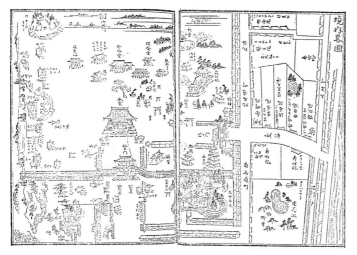

『浅草寺志』所載の境内図（文化10年）

で調査に着手した。

　戦災で焼失した五重塔は，慶安元年（1648），徳川家譜代の作事方の流れを汲む木原義久，鈴木長恒によって造立されたもので，その位置は本堂の東南部であった。復興される塔院は周辺の民家の状況や伝法院苑池との関係，そして修養道場や講堂などの施設を一体化する計画のため，旧位置と反対の本堂西南部の約 2,000m² をその敷地に選定された。

　この調査地域にどのような堂宇が存在していたかは『浅草寺志』，「浅草寺縁起絵巻」や各種の絵図類によってある程度予測することができたが，これらの資料はいずれも江戸時代以後のものでしかない。

　これらに共通して見受けられるものは，「薬師堂」，「山王社」，「神馬所（厩）」などであり，最も新しいものとしては明治25年に造営された「御供所」である。ただ，寛永19年（1642）以前と推定される三枝守道氏旧蔵の「浅草寺境内図」には「阿弥陀堂」，「三重塔」，「御蔵」そして「厩」が記されている。ここでとくに注目されたのは「三重塔」の存在であった。伽藍中軸線を挟んで東側には五重塔があり，1金堂2塔形式の伽藍配置（薬師寺式）が採られている。ただし，両塔は正確に相対するものではなく，三重塔の方がやや南により，西に後退している。この絵図以外の絵図には「三重塔」の記載は見られないが，慶安5年（1652）に成る縁起絵巻の第2巻に寛永19年浅草寺炎上の図があり，左右に層塔が描かれている。この絵でも両塔は，前述したような位置関係が読み取れ，かならずしも伽藍中軸線に対して対称に配置されてはいなかったようである。東側の塔は2層目まで炎上中の姿が描かれ，それより上層は画幅の外であるが，多分五重塔で間違いなかろう。一方，西側の塔は未だ火中していない姿であるが，面白いことに三重塔ではなく二層に描かれている。

　寛永19年に炎上した伽藍は，これより先の寛永8年に炎上した伽藍を徳川家光を願主として寛永12年に再建したばかりのものであった。あまりに早い焼失のため，家光も当然のことながら不快に思ったのであろう，ただちには再建に着手されなかったようで，再度家光を願主にして再建が成ったのは7年後の慶安2年（1649）である。そして，この時以後絵図に三重塔は登場してこないところを見れば，三重塔はついに再建されなかったようである。

　慶安再建後は大火にも遭わず，関東大震災でも主要堂塔は焼失をまぬがれたのであったが，前述のように第2次大戦によってほとんどすべてが消え去ってしまったのである。現存する最古の建造物は，寛永12年再建の二天門のみで，国の重要文化財に指定されている。

3 検出された遺構

　調査地の一部には舗装道路もあり，他の発掘ではめったに用いないエアコンプレッサーの鑿岩機まで使い，漸次表面から削り取りながら掘り始めた。表面のわずか10数 cm の厚さの中には，戦災の傷跡が残されており，これもやがては貴重な歴史のあかしとなるであろうと思われた。

　本堂，仁王門が戦後再建された際の遺物の出土状況から考えて，江戸期の遺構面は現地表面と大してかわりのない深さであること，三重塔を除けば，いずれも小規模な堂宇しか建っていなかったと思われる地域であり，それらの遺構を検出することはきわめて困難であろうと予測された。

　結果は予測された通りで，建築的に規模・形式が知り得た遺構は明治25年に移築された御供所跡だけであった。御供所は，書院造り風の平面形式のもので，別当がここに所住していた。享保6年（1721）には，今回検出された地区のやや北側にあり，浅草寺境内の一部が都市公園として市民に開放された後の明治24年12月にここへ移築された。また，慶安2年（1649）には本堂の後にあったと伝えられている。ということは，慶安時にはいわゆる講堂にあたる堂は本堂の裏手になかったと推定されるのである。

　この遺構で興味をひいたのは，いずれも径約40cmのほぼ円形の花崗岩の礎石を用いているのだが，その下に根石や割栗石がなく，その替りに礎石とほぼ同形同大の石をつき込んでいたのである。このため，あたかも2時期の遺構が重なっているかのごとく見えたのである。もちろん，下石の下にも根石や割栗石は認められなかった。

　調査予定地のちょうど南限から練塀の跡が検出された。『浅草寺志』によれば，「仁王門左右にあり，一間毎に一尺に九寸許の瓦を塗りこめ，施主の名をしるす」とある。塀の幅は約1.5m，内外とも外面をそろえた大小不整形の花崗岩割り石を並べ，その内側を粘土で堅めている。石の一部は現地表より頭を出しているものもあり，本来はあと数段積み上げられ，その上に瓦を塗り込めていたのであろう。仁王門基壇西端から約36m西へ延びたあたりで北へ折れ，そこから5mほど先のところからは検出されなかった。この塀の東西方向は，本堂の中心と仁王門の中心とを結ぶ伽藍中軸線とは直交せず，西でやや北へ振れていたが，

火葬墓木枠

この振れは，寺蔵の元禄6年（1693）銘のある「一山検地図」とよく一致していた。

　これらより新しい時期のものであるが，明治17年境内の一部が公園に利用されるようになり，周辺部が整備された。その一環として設置された煉瓦造の排水溝が検出されている。なかなか美事なもので，欧風の技術・文化を積極的に導入していた時代であり，その初期の都市の公共設備の遺構としてそれなりに価値あるものであった。

　最終的には現地表より約2.4mの深さまで掘り下げて調査を行なったが，三重塔をはじめ他の建造物の痕跡も，まったく手掛りを得られなかった。しかし，この下層部から池跡，井戸跡，火葬墓などを検出し，伽藍の沿革を知る上で貴重な手掛りが得られた。

　池は調査地域の東半を占め，さらに北側へ延びている。南端は仁王門に見合うあたりで，最大幅は約24mほどであった。ただ，護岸や石組などの人為的な仕事は認められず，苑池ではなく，自然湿地のような池であったろう。

　井戸は池の中と西岸の2ヵ所である。池中のものは径約1.2m，最下底部は凝灰岩の切り石で円形に囲み2段に積み，その上に平瓦を積み重ねて井戸枠としている。西岸のものは径約90cmの木桶の底を抜いたもので，これを補強するように木樋を立てて埋めていた。

　西岸の井戸の近くでは径約2〜3mのピットが輻輳して検出された。その内の1つには炭化物を多く含む層があり，その中に玉石がつめ込まれ，さらにそれを剝がすと，最下底には一辺約90cmの正方形に河原石が敷き並べられていた。他の1つは，下底部に一辺約60cmの正方形の箱形に

組まれた木枠があり，枠内に完形の土師質の坏を4側面に1個ずつ立てかけるようにして納められていた。底板はなく，青色砂層で終り，他に遺物も人骨片も検出されなかったが，これらはいずれも火葬墓と判断された。

4 出土遺物

御供所跡や練塀の検出された面からの出土遺物は近・現代の陶磁器片が中心であった。下層の池跡北部には経木状の木片，桶や樋の断片，自然木が堆積していた。井戸跡や火葬墓からは多量の瓦，板碑片が出土している。

瓦のうち軒丸瓦は121点，軒平瓦は99点であった。軒丸瓦はその径が19.5cm（6寸5分）から9cm（3寸）までの大小19種類，巴文を主体とし，珠文の有無に分けられる。軒平瓦は文様によって20種類に分けられ，ほとんどが退化した唐草文が主体で，瓦当面横幅が30cm（1尺）以下の小型のものである。唐草文以外では，鎌倉期のものと考えられる剣頭文が2点池底より出土し，15～16世紀のものと思われる波形文は49点と最も多量であった。瓦の大きさから見て，大多数は本堂のものではなく，隅瓦や掛瓦などの役瓦が多いことから，どのようなものかは不明だが他の小堂宇に葺かれていたものと推定された。

板碑は70点以上出土し，この内年号の判読されるものは22点であった。材はすべて秩父産の緑泥片岩である。最古のものは徳治2年（1307）で，最新のものは永正3年（1506）であった。15世紀のものが26点と最も多く，浅草寺における板碑建立のピーク時を知ることができる。これらはすべて池跡や井戸跡に無雑作に放り込まれていた。

この他にも平安期と考えられる土師器片77点，須恵器片72点が池底から出土している。室町期と思われる常滑手陶器片は甕形と鉢形と合わせて107点。鎌倉期から江戸中期までの施釉陶磁器類も57点を数える。かわらけは完形品60点，破片741点と，瓦についで多い。これらは大きさによって3種類に分けられ，鎌倉から室町，あるいは江戸初期までのものがある。全地区から発見されるが，一般に下層部が多く，とくに池底から多量に出土する傾向が認められ，池を対象とする特

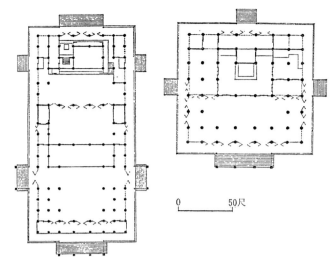

善光寺本堂（左，宝永4年）と浅草寺本堂（右，慶安3年）

別の行事があったのではないかと思考された。

また，室町期の五輪塔と宝篋印塔の各部が3点，江戸期の作と思われる石仏の頭部片3点，青銅製飾金具類3点も出土している。

5 おわりに

出土品から見て，平安期のものが最古であり，寺伝の草創期を裏づけるものは検出されなかった。調査の範囲も伽藍全体からすれば，ほんの一部にすぎず，今後の調査をまたねばならないが，あるいは寺院としての形態が整えられたのは平安期まで降るのではなかろうか。

創建以来，焼失と再建が再三にわたって繰りかえされ，その間にも盛衰の波がある。しかし，最も隆盛を見るのはやはり江戸期に入ってからである。徳川氏が入府し，徳川家の祈願所として手厚く保護され，二度の造営によって伽藍が整備された。恐らくこの時に池は埋められ，地形も今日のように整えられたものと思われる。このような大胆な整備を行なった反面，庶民信仰を反映して近世独特の奥行きの深い平面形式をとる善光寺本堂（長野）に対し，浅草寺本堂は中世以来の密教本堂の形式を踏襲し今日に至っていることは興味深い。

五重塔院は未だ完成していないが，これが完成すれば，次に東側の整備が予定され，これに伴う調査も行なわれる予定である。東側には五重塔跡もあり，より一層伽藍の変遷を明らかにする資料が埋もれているものと期待される。

物資の流れ—江戸の焼塩壺

名古屋大学助教授
渡辺　誠
（わたなべ・まこと）

江戸における焼塩壺の出土はいわゆる御府内にほぼ限られて
おり，また19世紀以降は播磨産の比重が大きくなっていった

1　焼塩壺とは何か

焼塩壺は焼塩壺であって，塩壺ではない。焼の1字は簡単に省略できるものではない。近年のほとんどの報告書が塩壺と記し，極端な場合は製塩土器と誤解すらされている。昭和初期に先駆的業績を残した前田長三郎氏[1]らは，いずれも自明のこととして深く記していないが，世情が変わった今日では，はっきり文章化しておく必要がある。

そこでまず江戸時代の『本朝食鑑』をみると，「一種有_焼塩者_用_白塩_再入_瓦器_掩_レ_口炭化焼過則如_レ_雪」と記されており，壺ごと焼くことが明記されている。

焼塩屋の子孫である弓削弥七氏もこのことを証明し，さらに詳しい話を聞かせて下さった。それによれば，まず粗塩を臼のなかで細かく粉砕し，これを別注で焼かせたコップ形の小型土器に入れて，天井のない窯のなかに積みかさねて焼いた。はじめ真っ黒な炎が出て，やがて真っ赤になり，しだいにピンク色を帯びてくる。この時の火の引き加減が難しかったが，これでニガリなどがとれ真っ白な焼塩ができ上がったという。このピンク色は塩焼けの色で，焼塩壺内面の変色とも共通するものである。

くりかえして記せば，土器はまずそれ自体として焼かれ，第2回目に焼塩製造用として焼かれたのであり，全体に橙褐色などの2次焼成の色調を呈すのはきわめて当然のことである。したがってメーカー側の立場からは，この焼塩壺入りのまま販売するということは，不純物を含んでいないという意味において，品質保証の看板になっていたのであるという。

京都市北郊の木野地区でも，少量の焼塩は作られていた。焼塩壺の形態は異なるが，2度焼きすることに関しては全く同一である。

これらの器壁が厚く小型であることは，いわゆる製塩土器と異なる大きな特徴である。そしてこれが食卓塩として食膳にのぼっていたことは，幕末の瓦版の絵にみることができる。これには「かけしほだい」として一匹のマダイとセットになった絵が描かれている。身の厚いタイを食べ進むと塩味が減少する。その時に焼塩をかけて食べたものだという伝承も，関西では聞くことができた（小谷方明氏談）。

製塩土器と異なるさらに別の特徴は，焼塩のメーカーが第1次生産業者ではないということである。粗塩は他から購入したものを使用するにすぎない。

なお弓削氏によれば，焼塩には壺焼塩の他に，花形塩・塩温石（かいろ）・はこべ（歯磨き粉）・しそ塩・ごま塩などがあったという。

2　壺焼塩の生産地

壺焼塩の生産地には，1.泉州湊村（後大阪に移る），2.堺町内，3.泉州麻生，4.播磨，5.京都木野，6.京都深草などがある。そして研究上好都合なことに，これらの間には焼塩壺の製法に顕著な差異がみられるのである。

このうちもっとも古くから生産が行なわれ，かつ大きな販路をもっていたのは1の堺湊である。これは堺町奉行所付きの湊村という意味であって，堺港ではないのである。現在の堺市西湊町に当たり，堺をとりかこむ堀を紀州街道沿いに南に渡ったすぐ西側の地域である。紀州街道の起点に当たる大阪難波に出していた支店が後にこの本店となり，昭和20年の空襲で焼失するまで営業していた。もっとも壺焼塩は明治時代までであるという。

この難波屋では，はじめは輪積法で，後に板作り法に変わる。その境目は天和2年（1682）である。『堺鑑』（さかいかがみ）によるとこの初代は洛北畠枝村出身の藤太夫で，天文年間（1532〜54）に湊村に来住して壺焼塩を始め，承応3年（1654）には「天下一」の美号を女院御所より拝名し，延宝7年（1679）には「伊織」の呼名を貰っている。これに伴って刻印は，「ミなと藤左衛門」（図1—1）→「天下一堺ミ

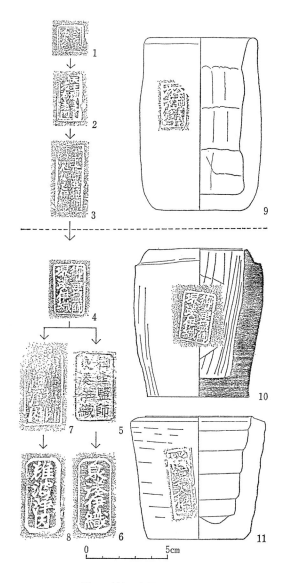

図 1 刻印の変遷と参考資料

っている。この印籠型の後者はしだいに退化しつつ明治時代まで作られ（Cタイプ），最後には蓋受け部分が完全に平坦化する（Dタイプ）。

そして未だ焼塩壺自体には実例をみないが，元文 3 年（1738）に 9 代伊織が船待神社に奉納した菅原道真公の掛軸の裏側には，「御壺塩師泉湊伊織」（同 5）の押印がみられ，これを経て「泉湊伊織」（同 6）に変わったとみられる。この「堺湊」から「泉湊」への変化は，湊村が堺町奉行所付きの村からはずされ，単なる泉州の 1 村になったことを示しているのであるが，その時期は不明である。早急に解決したい問題であるが，それは 1738 年をあまり遡らないと推定される。一方その下限は，『拾遺泉州志』の記載からみて，下っても 19 世紀初頭であろう。これを裏付けるように，すでに 8 代休心の代に難波に支店を出していることが，前田長三郎氏の調査によって明らかにされている。図 1 ― 7・8 に示す「御壺塩師難波浄因」→「難波浄因」の刻印は，このことを端的に反映しているといえよう。

2 は正徳 3 年（1713）に難波屋の製法をまねたという堺九間町の奥田利兵衛であり，板作りの形態に「泉州麻生 サカイ 御塩所」の刻印がある。ここは明治時代まで営業していたらしい。

3 は現貝塚市内の塩屋治兵衛であり，延宝年間（1673〜81）に 2 と同様に難波屋の製法をまねたという伝承があるもので[2)]，したがってこの年代からは輪積法によるAタイプを含む可能性があるが，「泉州麻生」の刻印がみられるのは板作り法によるBタイプと，仕上げに身の上半部にのみロクロ整形の痕がみられるHタイプのみである。

4 は播磨産で，板作りによるB・Cタイプと，底部に糸切り痕の明瞭なロクロ製品のI・Jタイプとがあり，「播磨太極上」などの刻印がみられる（図 1-11）。蓋受け部分の退化したC・Iタイプの蓋はBタイプで，平坦化したD・Jタイプの蓋は，下面が平坦なCタイプである。

5・6 のK・Lタイプはほぼ京都市内に限定され，江戸では出土していないので，本稿では省略することとする。E〜Gタイプについても同じ理由で省略する。

3 江戸出土焼塩壺の研究史

江戸の焼塩壺の最古の記載は，江戸後期の『拾遺泉州志』[3)]であり，ついで中川近丸氏であるが[4)]，

なと藤左衛門」（同 2）→「天下一御壺塩師堺湊伊織」（同 3）と変化している。しかし天和 2 年には「天下一」の名の使用が幕府によって禁止され，刻印は「御壺塩師堺湊伊織」（同 4）と変化する。この時に形態も変化したらしく，前三者の刻印は輪積法によるAタイプ（同 9），後者は板作り法によるBタイプ（同 10）にのみ認められる。Aタイプは，芯に巻いた布を糸でくびった痕跡が内面にみられ，外面はへらで整形されている。Bタイプは，1 枚の粘土板を截頭円錐形の型に巻き，底に当たる上部に粘土紐を渦状につめてへらでならしている。蓋も前者には丸みの強いAタイプ，後者には逆凹字状の断面をもつBタイプがセットにな

学問的に最初にとりあげたのは帝室博物館の高橋艸葉（直人）氏であった。昭和3年の同氏の論稿ではすでに、「此の壺の発見されることによって甞てその地に泉州の一産物が輸入されていたことが判るのであって、経済史の上からみて多少面白い材料となるのである」と、指摘されている[5]。そしてこれは堺在住の前田長三郎氏らに大きな刺激を与えたのであり、この後昭和6年[1]，9年[2]とあいついで前田氏の論稿が発表されることになるのである。しかし焼塩壺の出土地点は4カ所があ

表　東京都における焼塩壺出土地リスト

番号	出土地	文献ほか	身								蓋				挿図番号
			A	B	C	D	H	I	J	小計	A	B	C	小計	
1	台東区浅草2丁目浅草寺境内	加藤晋平氏による						1	1	2					2-13・14
(2)	〃　上野公園東博構内（旧寛永寺境内）	註5)								?					
3	〃　　〃　新坂貝塚（　〃　）	古泉弘氏による	1							1					2-8
(4)	文京区駒込北動坂町	註4)				1				1					
5	〃　本駒込3丁目動坂遺跡（旧鷹匠屋敷）	註7)	4					1	2	7	4	1		5	2-7・15
6	〃　西片町誠之小学校敷地（旧福山藩邸）	誠之小蔵	2							2					2-9
7	〃　白山四丁目遺跡（武家屋敷跡）	註8)	1	9		1	1	2	1	15		5	4	9	
8	〃　旧小石川砲兵工廠跡（旧水戸藩邸？）	武蔵野郷土館蔵	1				1			2					2-2・10
9	〃　茗荷谷駅裏	筑波大 塩とたばこ博蔵	1	3			5			9		2		2	
10	〃　小石川小日向台	註6)								?					
11	〃　お茶の水					1				1					
12	千代田区北之丸公園	古泉氏による	1							1					2-1
13	〃　北之丸公園・江戸城址竹橋門跡	〃								?					
(14)	〃　千鳥ヶ淵	〃								?					
15	〃　東神田一橋高校内遺跡（寺院址）	註9)	3	1			8		3	15	1	10	1	12	2-5・7・11
16	〃　永田町日吉神社境内遺跡	註10)		3	2				5+	10+	4	7		11	2-12・16
17	〃　霞ガ関2丁目外務省構内（旧黒田藩邸）	古泉氏による	1					1		2					1-11
(18)	〃　日比谷公園	武蔵野郷土館	1							1					2-3
19	〃　丸の内3丁目都庁第1庁舎					1				1					
(20)	中央区日本橋付近	註5)								?					
(21)	〃　人形町	註6)								?					
(22)	〃　堀留町	〃								?					
(23)	〃　小伝馬町	〃								?					
(24)	〃　槇町	〃								?					
(25)	〃　銀座	〃								?					
(26)	〃　岡崎町	〃								?					
(27)	〃　北島町	〃								?					
(28)	〃　馬場	〃								?					
(29)	〃　通称小田町	〃								?					
(30)	〃　木挽町	〃								?					
31	〃　浜町3丁目	古泉氏による	1							1					2-4
32	港　区浜松町1丁目，旧芝離宮庭園	註11)	2				8	1	1	12	5	1		6	
33	〃　三田4丁目伊皿子貝塚遺跡	註12)		1				1		2	2			2	
(34)	〃　奥平大膳大夫侯汐留上屋敷	註3)								5～6					
(35)	〃　愛宕下	註6)								?					
(36)	〃　汐留	〃								?					
(37)	〃　新銭座	〃								?					
(38)	〃　浜松町	〃								?					
(39)	〃　佐久間町	〃								?					
(40)	〃　露月町	〃								?					
(41)	〃　芝園橋際	〃								?					
(42)	〃　田村町	〃								?					
(43)	品川区御殿山公園内	〃						1		1					
(44)	目黒区内某地	註2)								?					
(45)	世田谷区喜多見陣屋付近	註13)	1							1					
(46)	杉並区阿佐ケ谷2丁目	註6)								1					
(47)	？　松平宮内少輔侯上屋敷	註3)	?	?		1				2					

げられているにすぎない。

前田氏の昭和6年の論稿は50部限定の貴重本であり，現在では3部しか残存していない。しかし難波屋の子孫にめぐりあって書きなおした昭和9年の論稿は，当時相当読まれた雑誌である『武蔵野』の第21巻第3号に掲載されているのであり，小谷方明氏を除き誰一人としてこの論稿の存在を知らなかったということは，学史上きわめて惜しまれることである。前田氏の名誉のためばかりではなく，この号には他に3氏の資料紹介が掲載されているが[6]，それらはいずれも東京都区内の出土例なのである。これらにみられる地点は現在明確には確認しがたいものばかりであるが，焼塩壺の分布の大要などを知る上では重要であるので，あえて表1に掲げることとした。

そしてこの後焼塩壺は，研究者の意識からはほとんど忘れ去られてしまうのであるが，これが再び脚光を浴びるのは昭和40年代後半からである。東京都下の場合は，加藤晋平・古泉弘氏および佐々木達夫氏らによって，一橋高校遺跡・日吉神社遺跡などの重要遺跡があいついで発掘されたためである[7〜13]。筆者もこれらの諸先学には御教示を受けることがきわめて多かった。

また以上の考古学的研究とは別に，『日本塩業史大系』特論・民俗（1972）に収録されている，民俗学者の宮本常一氏の研究[14]のあることも重要視される。そのなかで宮本氏は，焼塩壺を東京都有栖川公園内の養正館でみたことがあると記している。そしてこれらの資料は，現在武蔵野郷土館に移管されていることを，吉田格氏の御教示によって知ることができた。

4 焼塩壺の分布状態

以上の出土地点を列挙したのが表1である。このうち番号にカッコを付したのは，すでに記したような理由から正確な出土地点の不明なものである。しかしこれらを含めて明らかになったことは，大部分が江戸城を中心としたいわゆる御府内において出土しているということである。ここに焼塩壺使用者の階層性をはっきりとみることができるのである。

焼塩壺出土遺跡の性格は，今後の重要な研究課題であるが，現時点では次のように大別できるであろう。

　a）城跡および武家屋敷など

これには江戸城内の12・13，福山・水戸・黒田藩邸跡の6・8・17，および32・34・45・47などが含まれる。また興味深い例として，将軍家の鷹匠屋敷跡（5）からも出土している。

　b）有力な社寺の境内など

これには浅草寺境内の1，寛永寺境内の2・3や，日吉神社境内の16などが含まれる。15の出土例の大部分もこれに含められる。

なおこれらの社寺域の出土例については，それらの社寺において使用された場合と，境内の茶店などで使用されたものとを区別する必要があるであろう。

　c）有力な商家など

これらの事例についての確実な例はないが，中央区や港区内の出土地のなかには，武家屋敷以外に豪商などの屋敷跡もかなり含まれていることが推定されるのであり，今後の研究課題として指摘しておきたい。

5 メーカー間の競争

江戸および東京にもたらされた焼塩壺は，2において略記したように，京都を除いた大阪・泉州と播磨のメーカーのものである。このうち主体を占めるのは前者である。これらを古い順にメーカーごとに検討してみよう。

もっとも古いAタイプのうちでも，1654年以前とされる「ミなと藤左衛門」の刻印のあるものは，北之丸公園より出土している（図2—1）。次の1654〜79年の「天下一堺ミなと藤左衛門」の刻印のあるものは，旧小石川砲兵工廠（同2），茗荷谷駅裏，一橋高校遺跡，日比谷公園（同3），浜町3丁目（同4）などから出土している。次の1679〜82年という使用期間の短い「天下一御壺塩師堺見なと伊織」という刻印のあるものは，一橋高校遺跡（同5），旧芝離宮庭園遺跡から出土している。

これらに続くBタイプで1682〜最大1738年の「御壺塩師堺湊伊織」の刻印のあるものは，一橋高校遺跡（同6），旧芝離宮庭園遺跡から出土している。次の刻印「御壺塩師泉湊伊織」は，1738年にはすでに使用されていたことは明らかであるが，その下限は不明であり，現時点では18世紀前半と推定しておきたい。この刻印のあるものは，まだ出土していない。これに続く18世紀後半と推定される「泉湊伊織」の刻印のあるもの

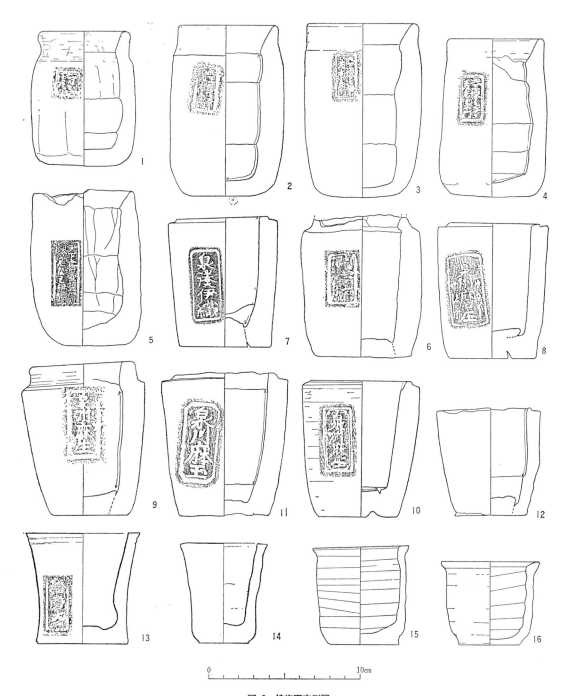

図 2　焼塩壺実測図
1：北之丸公園　2・10：小石川砲兵工廠跡　3：日比谷公園　4：浜町3丁目　5・6・11：一橋高校遺跡　7・15：動坂遺跡　8：上野公園新坂貝塚　9：誠之小学校　12・16：日吉神社境内遺跡　13・14：浅草寺境内
<5・6・11：古泉弘氏，13・14：加藤晋平氏原図>

は，動坂遺跡（同7），白山四丁目遺跡，芝離宮庭園遺跡や，お茶の水から出土している。

　以上は，もっとも古く創業しかつもっとも商圏の広い難波屋の堺時代のものである。そして1738年以前にすでに大阪の難波へ支店を出していて，これが後に本店になったことは先に記したとおりである。この支店の「難波浄因」という刻印のあるものも，動坂遺跡からは出土している。この刻印もおそらく18世紀後半のものであろう。刻印のあるもの自体もともと多くはないのであるが，19

世紀にはいるとこれらの刻印もみられなくなる。これは焼塩屋の経営が安定し，権威を利用しなくてもすむような段階になっていることを示していると考えられる。

以上のBタイプの下限については，佐々木達夫氏発掘の日吉神社境内遺跡が示唆的である[10]。ここでの焼塩壺などの一括廃棄の時期は明治14年（1881）であるから，Bタイプがこの時期まで存続したことは確実であるが，一方この退化形態であるCタイプの方が多くなっており，両タイプの移行期が19世紀後半にあることを知ることができる。また播磨産のJタイプを多数共伴していることも重要である。Cタイプは，日吉神社境内遺跡（同12），都庁第1庁舎，旧芝離宮庭園遺跡から出土している。

さらに退化したDタイプは，白山四丁目遺跡や旧芝離宮庭園遺跡で出土しているが，これらは19世紀末〜20世紀初頭まで下がると考えられる。

以上にみたように，難波屋は17世紀から19世紀にかけて，ほぼその全営業期間を通してたえず江戸および東京に壺焼塩を供給していたのである。

18世紀前半にこれをまねたという堺市内の奥田利兵衛の「泉州磨生サカイ御塩所」の刻印のあるものも，上野公園新坂貝塚（同8），白山四丁目遺跡から出土している。

また本来花焼塩を製造していた泉州麻生でも，17世紀後半から18世紀前半にかけて，「泉州麻生」の刻印のある壺焼塩を製造している。この壺には難波屋と同じBタイプの他に，仕上げにのみロクロを使用したHタイプとがある。後者が新しいことは明らかであるが，その移行時期は不明である。この刻印でBタイプのものは，誠之小学校（同9），茗荷谷駅裏，芝公園内，旧芝離宮庭園遺跡，伊皿子貝塚遺跡より出土している。Hタイプのものは，北動坂町，白山四丁目遺跡，旧小石川砲兵工廠（同10），茗荷谷駅裏，一橋高校遺跡から出土している。そしてこの亜流とみられる「泉州麻玉」という刻印のあるものも，一橋高校遺跡（同11）から出土している。

これら泉州・大阪のメーカーとは別系列の播磨産のロクロ製品には，ⅠタイプとJタイプとがある。後者は，先に記した日吉神社遺跡において19世紀後半に多量にみられるのであるが，その上限は不明である。しかしⅠタイプ自体がHタイプの退化形態であるから，遅くとも18世紀後半までは遡るものと考えられる。「播磨太極上」の刻印があるのはこのⅠタイプのみであり，浅草寺境内（同13），動坂遺跡，外務省構内（図1─11）から出土している。

そしてJタイプは，浅草寺境内（図2─14），動坂遺跡（同15），白山四丁目遺跡，一橋高校遺跡，日吉神社境内遺跡（同16），旧芝離宮庭園遺跡からも出土している。

この遅れて始まった播磨の焼塩壺の出土率の高いことが，江戸・東京の大きな特徴である。たとえば日吉神社境内遺跡ではB・Cタイプは5例，Jタイプも5例紹介されているが[10]，佐々木氏の御好意で拝見できた資料には，この他にJタイプの破片が多数含まれており，播磨産の優位性をはっきりとみることができるのである。

大消費地である江戸・東京における焼塩壺の出土状況は，京都と比較するとその特徴をもっと明確にすることができる。

両者の相違点の第1は，19世紀に入ると江戸では播磨製品の比重がかなり大きくなることであり，福岡・博多でも同様の傾向を示している。これは難波屋のルーツが洛北にあり，そこでは室町幕府・京都御所に独占的に素焼土器を供給していたのであり，このことが京都に後発の播磨製品がなかなか浸透しにくい状況を作りだしていたのであると考えられる。

相違点の第2は，京都では木野や深草などに流通範囲の狭いメーカーがみられるが，江戸には地元のメーカーがみられないことである[15]。

こうしたメーカー間の競争は，大消費地内においてもっと細かな競合関係を把握することが可能であると考えられる。最近の東大構内遺跡をはじめとする近世遺跡の発掘成果が大いに注目されるのである。

註
1) 前田長三郎『堺焼塩壺考（未定稿）』1931
2) 同「堺焼塩壺考」武蔵野，21─3，1934
3) 中盛　彬『拾遺泉州志』文化年間
4) 中川近丸「宝丹主人の薬園より掘りせし古物」考古学会雑誌，9，1897
5) 高橋艸葉「堺の焼塩壺」中央史壇，14─3，1928
6) 山沢散木庵「芝公園の焼塩壺」，三輪善之助「御殿山の塩壺」，井上　清「口絵ほどき」
7) 佐々木達夫ほか『動坂貝塚』1978

8) 芹沢広衛・植木　弘ほか『白山四丁目遺跡』1981
9) 加藤晋平・古泉　弘「千代田区一ツ橋高校内遺跡の調査」調査研究発表会 I・発表要旨，1975，および古泉　弘「江戸路傍―江戸の考古学的調査から―」文化財の保護，11，1979
10) 佐々木達夫・佐々木花江「東京都日吉神社境内遺跡の調査」考古学ジャーナル，105，1975，および佐々木達夫「幕末・明治初頭の塩壺とその系譜」考古学ジャーナル，134，1977
11) 五島美術館『江戸のやきもの』1984 による
12) 清水潤三ほか『伊皿子貝塚遺跡』1981
13) 佐々木達夫「世田谷出土の陶磁器について」『世田谷区史料』8，1975
14) 宮本常一「消費の方法」『日本塩業史大系』特論民俗，1977
15) 拙稿「焼塩」『講座・技術の社会史』2，1985

物資の流れ―江戸の陶磁器

金沢大学助教授
■ 佐々木達夫
（ささき・たつお）

陶磁器は江戸では瀬戸物と呼ばれて売られていたように，出土品は瀬戸の製品が多いが，肥前の製品もしだいに増加してくる

江戸の遺跡から，大量に掘り出されるものの1つに，陶磁器がある。これは，もちろんのことであるが，江戸の街で陶磁器ばかりが使われていたことを示すのではない。しかし，発掘品の中で，もっとも点数が多い遺物は陶磁器であることが多い。それは，陶磁器が，粘土を焼いて作られ，永く土中にあっても，腐らないという性質を持つためである。

陶磁器は，ほんの小さな日常生活用品の1つにすぎないものである。だが，多くの重要な物資が，火災で燃え，消費されて消え，あるいは，土中に埋もれている間に腐食してしまい，発掘しても，全体がわかるように残ることが少ないことを考えれば，日常生活で用いた茶碗などの陶磁器を，考古学の資料として扱うのも意義のあることとなる。

それに，出土する陶磁器は，みな破片となっているが，大名屋敷でも町屋でも，同じようなものが発見されている。誰にでも，どこででも使われていたものだからこそ，かえって，江戸の街に住んだ人々のことを考えるうえで役にたつのである。では，図1や2にみるような，江戸で使われた陶磁器は，いったい，いつ，どこで作られ，どのようにして運ばれてきたものなのであろうか。

こうした問題を考えるためには，いくつかの条件がある。第1に，遺跡からかなり多くの陶磁器が発見され，その出土量と生産地の研究が進んでいること。第2に，その遺跡の性格，つまり，どのような人々が住んでいたのかが知られること。第3に，遺跡の年代が推定できるか，あるいは，出土した陶磁器の年代が推定できること。第4に，できれば，1つの遺跡で，古い時代の層から新し

図1　酒屋（『人倫訓蒙図彙』1690年刊）

図2　酢屋（『人倫訓蒙図彙』）

い時代の層まで，いくつかに分類できるような状態で陶磁器が発見されていること。しかし，そんなに旨く条件が整った遺跡は，今はまだ少ない。

1 都立一橋高校内遺跡の陶磁器

こうした条件に近い遺跡の1つとして，1975年に発掘された都立一橋高校内遺跡があげられる。1682年（天和2）より前は墓地，それ以後は橋本町2丁目の町屋であったと推定され，大量の陶磁器が層位的に発見されている。筆者は1975年の暮に，出土した陶磁器の生産地と種類，器種，数量を調べたことがある。その時に作成した表に基づいて，いくつかの問題を明らかにしてみよう。

墓跡から出土した蔵骨器のうちで最も多いのは，美濃・瀬戸窯の製品で88点，常滑窯とそれに類似する製品が18点，丹波窯が8点，備前とそれに類似する製品が7点，江戸の製品と推定できるものが5点で，有田窯が3点，唐津窯が2点，中国の製品が2点，その他生産地の不明なものが8点である。これらの多くは17世紀を中心とした製品であり，出土した蔵骨器の63.8％は美濃窯の製品である。しかも，その多くは一般的な日常生活で用いる壺の類である。この頃の江戸では，壺の多くは瀬戸や美濃の製品を使用していたことがわかる。その他の製品は，常滑窯とそれに類似するものが13.0％であり，丹波窯が5.8％，備前窯とそれに類似するものが5.1％，江戸の製品らしいものが3.6％となる。有田窯は2.2％，唐津と中国の製品はともに1.4％と少ない。

蔵骨器の出土層位は，明暦の大火とされているⅢ層からのものが最も多い。この地に寺院があったのは天和2年（1682）の大火までと推定できるから，蔵骨器が埋められたのは1657年から1682年までの25年間と推定することができる。これは，出土陶磁器の年代を考えるうえでも重要であるが，火葬骨を壺などに入れて葬る形式が流行した時期が17世紀の後半からであることを知るうえでも，よい資料となろう。

居住地域の層位は，下層がⅤ層で，上層がⅠ層と名づけられている。出土した陶磁器から年代を推定すると，Ⅴ層は16世紀後半から17世紀前半，Ⅳ層は焼土の火災層で17世紀中葉頃，Ⅲ層は17世紀後半，Ⅱ層は18世紀前半から中頃，Ⅰ層は18世紀後半以降となる。ここから出土した

陶磁器のうちで，数量を記録した破片数は5,685点である。

出土した磁器と陶器の層位的な比率はどうであろうか。Ⅴ・Ⅳ・Ⅲ層では磁器が35〜37％であり，陶器は62〜64％を占めている。陶器は磁器の1.7〜1.8倍の量が出土しており，陶器が多く購入されていたのである。磁器の多くは肥前の染付であり，陶器は瀬戸が多い。この数字は，17世紀末までの江戸の町屋での状態を表わしている。Ⅱ層では磁器が44％で陶器が56％となり，Ⅰ層では磁器が53％で陶器が46％となる。しだいに磁器の量が増加し，18世紀後半には，肥前の磁器が瀬戸の陶器よりも多くなるのである。磁器の種類別では，染付がもっとも多く，次は青磁であるが，わずかである。

それでは出土量の多い肥前の染付は，どのような器種が多かったのであろうか。Ⅴ層では皿，碗，徳利の順である。Ⅲ・Ⅱ・Ⅰ層では碗，皿の順に変わり，3位はⅡ・Ⅰ層では徳利から杯に順位が入れ替わっている。瀬戸の陶器の場合は，Ⅴ層では皿，壺，碗，徳利，鉢の順である。Ⅲ層では壺，徳利，皿，碗，鉢，擂鉢の順となり，Ⅱ層では皿，碗，擂鉢，鉢，徳利，Ⅰ層では徳利，鉢，擂鉢，碗となる。磁器の徳利が減るのと同時に，陶器の徳利は増えている。また，磁器がしだいに碗，皿，杯の小型飲食器を主とするにしたがって，陶器は徳利や鉢，擂鉢などの容器や大型器，厨房用品が多くなる。この他の器種をみても，生産地別による使い分けが存在することは明瞭である。生産地で生産されたものがすべて江戸に運ばれてくるのではなく，それぞれの生産地の商圏と販売器種の違いのあることがわかる。

また，土器の出土量の多いことにも注意を払う必要がある。壊れやすい灯明皿の出土量が最も多いことは当然のこととして，火鉢がいつもかなりあること，17世紀後半から焙烙がしだいに多くなり，18世紀には出土量が灯明皿に次ぐこともわかる。この土器の生産地は江戸の今戸が多いと推定できるけれども，すべてが江戸と言うこともできない。

2 陶磁器の生産地

出土した陶磁器は，肥前と美濃・瀬戸地域の二大窯業生産地の製品が圧倒的に多い。この他は北部九州地域の陶器や，京都の碗や小鉢類，あるい

図 3 瀬戸物屋
(左:『人倫訓蒙図彙』, 右:『宝船』1827 年刊)

は生産地の推定が難しい少数の陶器類が含まれているにすぎない。江戸時代の前期には常滑，丹波などの壺，甕類がまだ残るけれども，これもすぐに江戸では見ることが難しい製品になる。江戸周辺の小さな窯業地域の製品も幕末には少し現われるけれども，量は決して多くない。

『重宝録』によると，安政3年（1856）11月江戸入津物資の調査による瀬戸物の量は，1ヵ年およそ305,533俵で，尾州様御国産132,208俵ほど，紀州様御蔵入御国産45,117俵ほど，松平肥前守様御国産24,794俵ほど，大村丹後守様同6,672俵ほど，相馬大膳亮様同4,697俵ほど，筑前様持下荷物12,185俵ほど，京都焼23,165俵ほど，信楽焼25,042俵ほど，堺摺鉢8,153俵ほど，尾州常滑並細工もの23,500俵ほどという。これは江戸に流入した陶磁器の産地と量を知るうえで重要な資料である。瀬戸・美濃の陶磁器が全体の43.3％，紀州の陶磁器が14.8％，信楽の陶磁器が8.2％，肥前の陶磁器が8.1％，常滑の陶磁器が7.7％，京都の陶磁器が7.6％，筑前の陶磁器が4.0％，堺の摺鉢が2.7％，大村の陶磁器が2.2％，相馬の陶磁器が1.5％を占めている。ただし，これまでの遺跡出土の陶磁器と比較してみると，この産地と量が何を意味しているのかは，改めて考えなおす必要がある。瀬戸の陶磁器が多いことはうなづけるが，紀州の陶磁器は何を指しているのだろうか。筆者には，紀州の商人が扱っている肥前の陶磁器であるように思えてならない。信楽が比較的多いことは，出土品をみるうえで，注意を払うことが必要となろう。肥前の陶磁器が少ないことも注意をひくことである。筑前の陶磁器は陶器を指しているのであろうか。堺の摺鉢とは，堺の商人が扱った備前の摺鉢を指しているのだろうか。史料にも，多くの問題があるようである。

3 陶磁器の流通

江戸に運搬されてきた陶磁器は，どこで，どのように売られたのであろうか。陶磁器は，商人から江戸の瀬戸物問屋にわたされるが，陶磁器は江戸では瀬戸物と呼ばれて売られることが一般的であった（図3）。最も多く江戸に流入していた生産地の名が，陶磁器を代表していたのである。『正宝事録』195の明暦4年（1658）2月の条には「…麻売，瀬戸物売…」とあり，江戸町振売調の対象として瀬戸物の名が挙げられている。『正宝事録』235の万治2年（1659）4月の条には，江戸振売の業種の中で，札なしに免許が与えられるものとして瀬戸物売の名がみえる。元禄3年（1690）に刊行された『江戸惣鹿子名所大全』には，諸職諸商人存所のうち，瀬戸物やは霊厳島，常磐橋前，御成橋前，浅草まつち山，などの地名が挙げられている。こののちも，陶磁器は瀬戸物屋が主に扱う品であることに変わりはない。

陶磁器がどの程度の価格で瀬戸物問屋などから卸されていたのかは不明な点が多い。遺跡から出土する陶磁器の破片と比較しての価格が明らかにしにくいからである。芝離宮庭園遺跡から1982年に出土した瀬戸窯の透明灰釉中型壺の蓋の内側には墨書がある。そこには「六拾四文，天明二壬寅歳，六月六日求之」と書かれており，購入の年月と価格を知ることができる。ただし，このような例は少なく，発掘品から直接に販売方法や価格を知ることは難しい。

江戸周辺の地域ではどの程度の価格で，どのように陶磁器を購入していたのであろうか。武州生麦村（横浜市）の名主関口藤右衛門家の場合をみると（『関口日記』），19世紀前半には，肥前磁器を直接に筑前の商人から求めたり，各地に店を構えた茶碗屋や，あるいは旅籠兼よろず屋から購入していた。天保年間の茶漬碗1個は，百文ほどの価格であった。漆器が塗直しされるように，割れた磁器も修復されて使われる。磁器の修復の費用は購入価格の2割から5割ほどであるから，決して安いとは言えない費用である。当時の物価では，茶漬碗1個は，酒2.7合，さんま14本，傘1本の直し代といった価格であった。

江戸の街の出土遺物

——その展望——

東京都教育委員会
■ 古泉 弘
（こいずみ・ひろし）

江戸の庶民生活は決して裕福とはいえないが，彼らが物質文化
を享受したことは，多様な出土遺物からうかがうことができる

1 江戸の消費活動

ここ 10 数年来，各地で江戸時代遺跡の発掘調査が進められ，この間に蓄積された江戸時代遺物も厖大な数量にのぼっている。その一部については編年研究の対象とされ，また社会経済史的視点からの論考も発表されている。しかしながら日本考古学全体の現状からみれば，その研究は著しく立ちおくれているといえる。これはもちろん，江戸時代考古学の歴史が浅いためであり，出土資料の全貌を系統的に概観することが困難なためでもある。

江戸時代の都市遺跡の代表ともいえる江戸でも，この状況はなんら変わるところがない。そこで「江戸」遺跡から出土する遺物の問題点のいくつかについて述べたい。けれども江戸遺跡を対象とした調査報告書は未だ数少なく，資料上の制約が大きいこともお断わりしておかなければならない。

江戸は天正 18 年 (1590)，徳川家康の関東転封以後，急速に発展した近世都市である。徳川政権の誕生によって，政治・軍事の中心となり，江戸城を核とする一大城下町として成立した。強固な封建制を維持するため，寛永 12 年 (1635) には武家諸法度を改正し，参勤交代の制が正式に定められた。このため全国の大名の屋敷が置かれ，多数の武士たちが集まった。

これらの大名・武士たちに寄生する形で商人が集まり，都市としての活況を呈するようになった。享保年間には町方の人口は 50 万に達し，武家人口を加えると百万にのぼると推定され，まさしく世界第一の人口を抱えるようになったのである。しかし人口の内訳が武家と町方でほぼ半数ずつであるのに対し，町地の占有面積は寺社地と合わせてもわずか 20% という，きわめて不健全な発展を遂げた。

人口の半数を占める武士は，直接の生産に携わらない消費階級であったが，その消費に充てられた生産物の大半が，18 世紀に入ってもなお京坂から輸送されていた。「天下の台所」といわれた大坂に対し，江戸は全くの一大消費都市であったのである。江戸の経済は，相当遅くまでこうした「下りもの」に依存していたとみられている。

他面，国内の統一による海上を含む交通路の整備，各藩の産業育成の結果，全国各地からさまざまな特産物が搬入された。こうした各地の産業のありさまは，『日本山海名産図会』や，『日本山海名物図会』などに生き生きと描かれている。

江戸の消費活動が，このように全国規模の流通の中で賄われていたとすれば，出土する文物も，当然それなりの視点から捉えられなければならない。陶磁器など一部の商品については，生産地の調査が進み，その流通の変化も判明しつつある。しかし他の大部分の商品については，未だ資料の蓄積途上にあるといえるし，基礎的作業が開始されたばかりというのが現状である。

2 江戸の遺跡と遺物の関係

江戸から出土する遺物は，全国的に普遍性をもつものと，地域的に偏在するものとの両者があると予想される。前者は他地域との照合が可能であるが，後者は現時点においては限定された範囲内でしか，捉えることができない。

江戸は遺跡として，日本でも最大級のひろがりをもつ。それに対して発掘調査がおこなわれた地点は，針で射したほどでしかない。だから今の段階では，遺物の時間的な位置づけができるようになりつつあるけれども，その遺物が近世都市江戸にのみ特有なものなのか，京坂を含めた諸都市に共通なものであるのか，あるいは地方農山村を含めた全国的な共通性をもつものであるのか，といった結論を得るには，資料的になお不充分である。加えて江戸は階層的にも複雑な都市構成になっているので，御府内での地域的な相異をも考慮に入れる必要がある。

ただ江戸以前の他の遺跡と比較して，考古資料

51

以外での文物の情報量は格段に多い。このことは遺物の研究に大変有利である。しかし反面，それ自体が大きな陥穽になっていることも銘肝すべきであろう。私たちは江戸の研究においても，第一に遺構・遺物の周到な分析から始めるべきである。

江戸の遺跡を考える際に，遺跡の立地との関係を付記しておく必要があるだろう。江戸が台地と低地相方にひろがっていることは，いうまでもないことだが，低地の発掘地点における出土遺物の全体的特質として，その中に占める植物製品の割合がきわめて大きいという点があげられる。正確な数値では示せないが，植物製品とその他の遺物との比率は 1：1 といってよいだろう。このことは，台地上においては，文物の総量の半分が失われていることを示しており，江戸の物質文化を考える場合，常に念頭に入れておく必要がある。もちろん植物性文物への依存度が高かったのは，江戸や江戸時代だけではなかった。しかしながら江戸遺跡では，低地の状態が良好なため，植物質遺物の研究に大きな期待をかけることができる。

さらにもう一点，層位学的問題を付記しておこう。江戸に頻繁に起った広域火災は，その年月日，焼失地域が記録に残されているので，検出された焼土層はしばしば有力な鍵層になる。一橋高校地点では数枚の焼土層が認められたが，そのうちの 2 枚は明暦 3 年 (1657) と天和 2 年 (1682) の大火にそれぞれ比定され，ことに前者の連続性は良好で，他地点でもしばしば検出される。火山灰による年代決定も期待される。最も期待が大きいのは宝永 4 年 (1707) の富士火山灰，天明 3 年 (1783) の浅間火山灰で，前者については数地点で検出され始めている。これらの鍵層と紀年遺物によって，消費地独自の遺物編年がまず確立される必要があろう。

3　さまざまな遺物

江戸で使用された文物の種類が，数えきれないほどあったことは容易に想像がつく。現在までに出土している遺物は，江戸の文物の目録を埋めるには，まだまだ脱漏が多すぎる。したがってこれらの遺物は，民俗博物館の分類通りに収納することはできても，それ自体を操作して新たな分類整理を完全におこなうことは，未だ困難な状況にある。そこでここでは，便宜上材質別に主な出土遺物を概観してみたい。

（1）土製品──土器・陶磁器，瓦，人形，泥面子などの玩具

土器にはかわらけ，灯明皿，焼塩壺，焙烙（ほうろく），その他各種がある。中世までのかわらけは供膳用の食器が多かったが，江戸時代では陶磁器の普及に伴い灯明皿として使用されるものが卓越するようになった。灯明皿を含む灯明具には各種の形態が出現したが，素焼のほかに施釉した製品もつくられた。

焼塩壺は年代が特定できる上，出土率が高いので，とくに重要である。渡辺誠氏の論考に詳しい。焙烙は近世から近代にかけてきわめて大量に使用された調理具である。中世の内耳土鍋との関係が注目される。

瓦の出土量も当然のことながら多い。問題点をいくつかあげると，①町屋における屋瓦の実体。幕府は主として防火上の見地から，たびたび町屋の瓦屋根を禁止している。瓦屋根が正式に許可されたのは享保 5 年 (1720) のことであった。しかしながら享保の触れは現状追認の可能性があるから，考古学的判断が重要となる。②初期の瓦は中世後期の瓦と酷似している。その変遷の追求。③江州桟瓦の発明は延宝 2 年 (1674) とされる。江戸における桟瓦の初現と普及。などがあげられる。

人形・玩具の類は数多く出土する。素焼ないし陶磁製人形の大半は，江戸で製作されたと考えられる。しかし伊万里で製作された磁器の人形も見出すことができる。用途としては置物・飾物，ままごと道具などがある。しかしながらそれらの意匠は意外に狭く，置物では神仏や十二支，狐などの民間信仰関係が好まれた。陶磁器はもっとも重要な遺物のひとつであるが，他に多くの論考があるので，ここでは省略する。

（2）石製品──墓石などの石塔類，石磨臼，砥石，硯，碁石，ガラス類

中世を通じて関東地方で盛んに造立された板碑は，江戸近傍では後北条氏の進出に伴って激減し，江戸時代に入ると消滅する。江戸の初期には一般の墓塔として圭頭碑が用いられるが，これは板碑に起源をもつと考えられる。板碑の消滅の原因は，石垣を伴う近世城郭の造営が，石工の総動員という事態となり，そのため石塔製作が断絶するとの解釈がある[1]。相武地方では小田原籠城に

伴う普請にひき続き，徳川氏による江戸築城という大土木期間中が，石工の労力を最大限に築城に注いだ時期であり，普請事業が大方の完成をみる慶長・元和以後，徐々に築城現場から放出されていったとみることができよう。直ちにこれと関連させることはできないが，一橋高校地点出土の最も古い圭頭碑は，元和7年（1621）の年号を示していた。

（3）金属製品——庖丁・オロシガネ・杓子・匙・煙管などの調理・飲食用具，鋏・毛抜・鏡・鉄漿坏などの服飾・装身用具，鑿・釘・鎹・鋲・蝶番・引手・燭台などの建築・調度用具，刀・槍先・刀装具などの武器，その他銭貨や火打金などと多彩である。

金属製品は利器には鉄，それ以外には銅と，素材別の使い分けがおおむね定まっている。銅製品も真鍮が素銅を上回っているといえようか。小型の銅製品には精巧な細工を施した製品が多い。

（4）植物製品——箸，膳，箱，杓子，曲物，桶，樽，漆椀，櫛，下駄，槌，刷毛，鍬，羽子板，木刀，人形，玩具，数珠玉

材質に竹や藁も含まれることから，木製品とせずに植物製品とした。木製品の加工には切る，削る，割る，剥ぐ，刳る，挽くなどの技法がある。これらの加工のみによって製品化するものと，さらにこれらを組み合わせることによって初めて完成する製品とがある。木製品は歴史的に材料が身近にあるため，前代までは自家製，あるいは副業的に生産されることが多かった。しかし近世都市においては，その大部分は市中の専業職人，もしくは木材生産地での副業によったと考えられる。江戸の木製品はいずれも精巧に作られている。塗漆製品が多いことも特徴である。

木製品の精巧な製作は，鉄製工具の進歩普及が背景となっている。出土品の加工痕から推定されるだけでも，鋸，玄翁，台鉋，銑，鑿，錐など，各種の鉄製工具の使用が認められる。しかも製作する木製品に応じて，各工具に多様性があることは，今日残る伝統工芸技術からも明らかである。

（5）動物製品——櫛，笄，簪，筐，碁石，さいころ

「動物製品」という分類には抵抗があるかもしれないが，一般的にいう骨角のほか，貝殻や亀の甲，歯牙なども含まれるため，広義に解釈できる名称をとった。動物製品も原料入手，加工技術の関係上，大半は専業職人によって製作されている。一本一本の歯を正確に挽き出し，棟に緻密な透しを入れた挿櫛などは，きわめて高度な技術に裏打ちされている。

以上のほかに，植物遺体，動物遺体をはじめとする自然遺物があり，食料や生活環境を復元する上で重要な手掛りが得られている。

4　遺物の旧所有者

かつてその遺物を所有し，使用していた人々の階層や職種によって，残された遺物の種類や質が異なることは当然である。その意味で江戸の遺物に普遍的な第一の特徴は，第一次生産に使用される農具や漁具，あるいは狩猟具がきわめて少ない点である。このことは，江戸の都市性という面から容易に理解しうるであろう。

職人たちが生産活動に使用した道具は，予想されるよりは多くない。これは多分に，現状での発掘地域の地域性に起因しよう。鑿，槌，鉋，刷毛，ふいごの羽口，るつぼといった各種の道具は，大工，左官，表具師，銅細工師など，市中で生産に勤しんだ職人たちの存在を示している。調査例が増えれば，江戸の手工業の実態，手工業品における下り物と地廻り経済との関係も明らかにされよう。

一橋高校地点のように，主として庶民の居住地区になっていたような地域では，極立った高級品を見出すことはまれである。しかし大名屋敷級になると，小田原藩主大久保家の堀跡や，唐津藩主小笠原家中屋敷跡からのように，鍋島藩窯の製品が出土することも少なくない。増上寺徳川将軍家墓所や，済海寺牧野家墓所から出土する副葬品に，豪華な遺品がみられることも当然といえる。

注意すべき点は，庶民の居住区と，上層階級の居住区とでは，出土品の質に格差が認められるものの，格差はそのまま遺物の種類の多寡にまでは及ばないという点である。庶民の生活は，決して裕福なものであったとは思えないが，物質文化を享受するという点において，中世の庶民に比較して数段上回っていたとみなすことができる。

5　遺物の変遷

遺物の所属する年代の決定は，考古学的関心をひく基本的なことがらの一つである。江戸の遺物のうち年代的研究がもっとも進んでいるのは，各

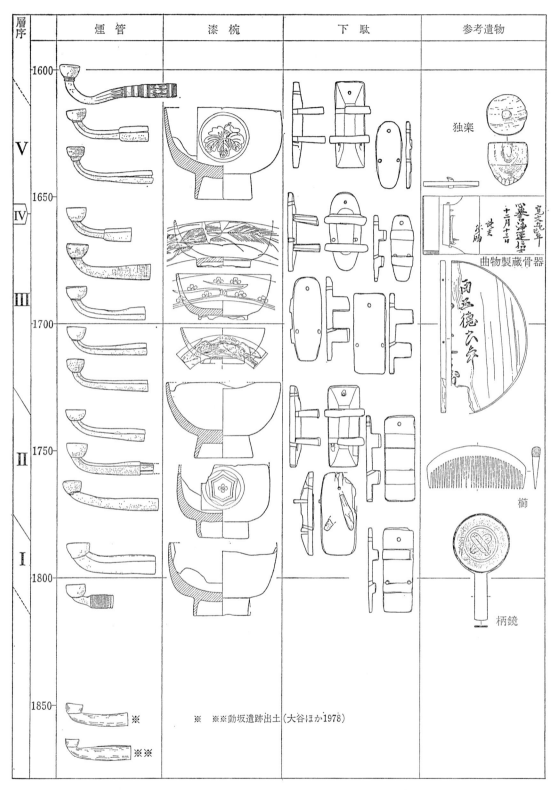

都立一橋高校地点の層序と出土遺物の変遷（煙管・漆椀・下駄）

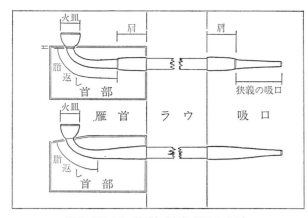

煙管の部分名称（仮称）（古泉1985による）

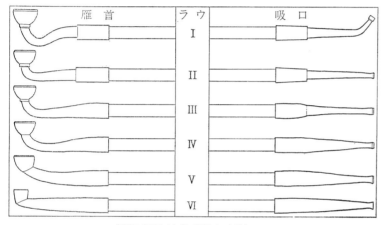

煙管の編年（古泉1983による）

種の陶磁器類であろう。これらは主として生産地の資料をもとに，研究が進められてきた。一方消費地である江戸では，層位的ないしは一括遺物を基準とした編年がおこなわれる必要がある。そのためには必要な条件を備えた調査地点と，一定数以上の同種の遺物の出土が要求される。現実には編年作業は緒についたばかりである。ここでは試みに，きせるの変遷とその要因について若干触れてみよう[2]。

私はきせるの変遷を6段階に分けて考えている。雁首についてみると，雁首は火皿と火皿からラウに至る狭義の首部から形成されている。これら各部の形態および製作工程が，時間的に変化するのである。

〔第1段階のきせる〕 きせるの初現形態を示す。火皿下の脂返しが一旦下方へ大きく湾曲し，ラウにとりつく部分が一段太く巻かれた「肩付」となる。火皿と首部の接合部には補強帯が巻かれる。16世紀末から17世紀初頭。

〔第2段階のきせる〕 脂返しが大きく湾曲する「河骨形」という形態をとる。肩付。補強帯をもつ。17世紀前半。

〔第3段階のきせる〕 河骨形。補強帯が巡るが，首部は火皿の下からラウ接合部まで1枚の銅板を巻いて製作される。17世紀後半。

〔第4段階のきせる〕 河骨形。補強帯は消失する。18世紀前半。

〔第5段階のきせる〕 脂返しの湾曲が小さくなる。18世紀後半。

〔第6段階のきせる〕 火皿は小型化し，逆台形を呈する。脂返しの湾曲はほとんどなくなり，火皿の下に直角にとりつくようになる。この段階のきせるは，もはや一橋高校地点では出土しない。19世紀。

きせるの変遷はおおまかに以上のように考えられる。付記した年代はやや乱暴だが，その頃を中心とするといった意味で参考程度に記した。きせるの変遷には一貫性が認められる。それは，①火皿が小型化すること，②脂返しの湾曲が減少し，直線的になること，③各部の接合工程が減少すること，の3点である。その要因として，①煙草の葉の刻み方が細かくなる，②懐中・携行の便，③製作技術の向上，が考えられる。このように消費者の要求が，遺物に反影され続ける点は，他の時代と何ら変わることがないのである。

註
1) 千々和実「板碑」『新版仏教考古学講座3』雄山閣出版，1976
2) 古泉 弘「銅製品」『江戸―都立一橋高校地点発掘調査報告』都立一橋高校内遺跡調査団，1985
3) 古泉 弘『江戸を掘る』柏書房，1983

特集●江戸時代を掘る

江戸時代の遺跡を掘る

江戸時代において，江戸の街以外の地域ではどんな考古学的成果があがっているだろうか。調査の現段階と今後の方向をしめす

城／陣屋／宿場町／たたら製鉄／沈没船／肥前磁器の流れ

城（神奈川県小田原城跡）

小田原市教育委員会
■ 塚田順正
（つかだ・じゅんしょう）

小田原城関係の絵図は 20 枚以上知られているが，絵図と発掘成果を合わせることにより，その発展と変容の過程がわかってきた

小田原城は，箱根外輪山の一つ，塔の峰から，足柄平野へ延びる尾根の先端付近に占地する平山城である。この尾根は，先端で三筋に分岐し，北から，谷津山，八幡山，天神山と呼ばれ平地へ至る。そして，三筋の尾根の要が小峰御鐘の台と呼ばれ，小田原城の最高地点である。

初期の小田原城は，八幡山の一角の小規模な範囲であったと思われるが，戦国期に後北条氏の居城として取りたてられ，次第に拡大・発展を遂げ，最大期には三筋の尾根と，東は山王川沿いの低地帯から，西は早川の河口付近，さらに南は海岸線までをも含む広大な範囲に，土塁・空堀を築く，いわゆる大外郭を形成した。

1 絵図などにみる小田原城

小田原城に関しては，古文書の他に今日までに20 点余の城絵図が知られている。これらの絵図は，いずれも江戸時代に描かれたものであるにもかかわらず，丘陵上に展開する後北条期の曲輪や大外郭を記載している。こうした絵図類の系統的，時代的配列を試み，描かれた曲輪の配置や，占地の特徴，土塁や空堀にみられる様式上の差異を詳細に検討し，研究が進められた結果，これまでに中世後北条期の発展過程や，その後の近世化

の変容過程の大筋が明らかになってきた。

そこでまず，こうした知見に従って，小田原城の変遷について時代順に概観してみたい。

（1） 中 世

北条早雲が入城した頃（1495 年）の小田原城は，小規模な山城で，その位置は八幡山の，現本丸東にある小丘であったと考えられる（八幡山古郭）。以後この古郭を中心にすえ同心円的に曲輪が増強配置され，3 代氏康の頃には八幡山の主要部分と，平地では，尾根先端の当時沼沢地に囲まれた，江戸期の二の丸の範囲まで包括したと考えられる。これが二の丸総構といわれる範囲である。

後北条氏の勢力は拡大し，五代氏直の頃には天神山を取り込む一方，平地では江戸期の三の丸の範囲に達したと考えられる。三の丸総構といわれる範囲で，この段階をもって後北条氏の小田原城は一応の完成をみるのであるが，その後1590 年，氏直は天下統一を進める豊臣秀吉の軍を籠城戦で迎えるべく，大外郭を構築する。これは小峰御鐘の台を頂点として，三筋の尾根と城下町全域は言うに及ばず，その周辺の，敵が利用しそうな地形をすべて取り入れるという発想で，土塁と空堀をめぐらせたものである。その規模は，外周9 km，面積 3.48 km² をはかり，秀吉の大坂城に

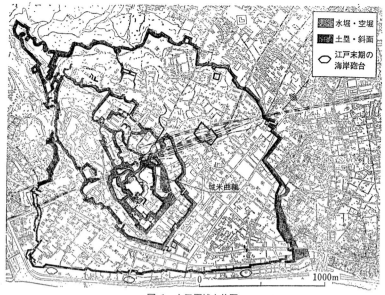

図1 小田原城全体図

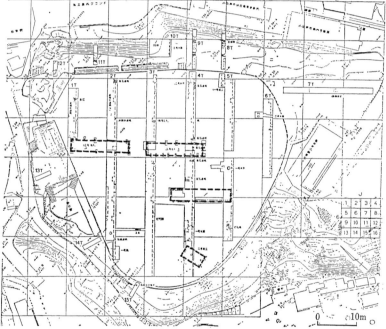

図2 城米曲輪発掘区全図（点線囲みは石列と掘立柱跡）

匹敵する規模といわれている。

（2）近世

江戸時代になると，小田原城は低地の三の丸以内に縮小され，石垣化が進められるなど近世化へむけて改造がはかられた。

改造の第一段階は，1632年稲葉正勝が入城すると始められた。主要工事は，石積みを二の丸全域に及ぼすこと，櫓台の増設，大手を南の箱根口から東側に変更することなどであり，これの完成した姿を正保図（1644～54年頃）にみることができる。近世化の最終仕上げは1672年に計画され，その内容は「寛文図」(1672年)で知ることができる。寛文図は幕府に提出された改修計画伺書の添付図面の写しで，計画箇所に貼紙が付けられ，工事概要が記されている。それによると，二の丸石垣のかさ上げ，銅門の櫓他の再建など，13項目にわたっている。この工事は3年後に完成し，その姿を，「国立公文書館図」(1673～86年頃)にみることができる。以後曲輪の基本的な形態は変化がないが，作事などは相次ぐ災害などにより変更が加えられた。

2 城米曲輪の発掘調査

以上概観したとおり，小田原城の中でも，とりわけ二の丸内は中・近世にわたって継続的な使用が行なわれたところであり，発掘調査においてもそのことを裏付ける事実が認められる。そこで，ここでは城米曲輪の発掘調査を紹介し，文献や絵図などとの若干の比較を試みてみたい。この曲輪は本丸をのせる尾根の北側小支谷に占地し，後北条氏の頃でも比較的古くから使用されたと考えられるところである。

発掘は予備調査として行なわれたため，曲輪内の最上層の遺構の部分的確認と，下部遺構の有無を確認することに主眼が置かれた。その結果，最上層の建築址としては，倉庫の基礎と考えられる長方形の石列3ヵ所，掘立柱建物址1ヵ所が発見された。石列は幅1m前後で人頭大の礫を敷きつめ長方形に配したもので，長軸を南東―北西にとり，2軒は直列に並び曲輪中央に，他の1軒はこれらと長軸は同一になるが曲輪内やや南寄りに位置する。京間で長軸15間，短軸3間をはかり，城米蔵と想定

57

される。なお3軒の石列は，い
ずれもわずかな間層をはさんで
上下2段同一平面上に重複して
いることから，短時間のうちに
建て替えが行なわれたと考えら
れるが，所属時期を決定づける
遺物はない。掘立柱建物址は南
寄りにあり，長軸を南北にとり
5間×3間をはかる。

　一方トレンチにおいて確認さ
れた下位の土層は，搬入土によ
って盛土されたものであること
が確認された。この搬入土は東
で層厚を増す傾向がみられ，深
いところでは4m以上にも及ん
でおり，それが8層以上に大区
分された。しかも各層からは掘
立柱跡や石組遺構，水路跡な
どが部分的に確認され，最下層
近くからは16世紀の陶磁器類
が発見された。こうした事実か
ら，この曲輪は小支谷に大量の
土が搬入され，埋め立てがくり
返されながら形成されたもので
あることが明らかになったのである。

　さて，次に，城米曲輪の蔵について絵図や文献
を通してその変遷を追ってみたい。

　最初に絵図に蔵が登場するのは「加藤図」(1614
～32年) においてである。この図は，現存する城
絵図中最古のもので，他の図に比べ著しく精度が
低いが，曲輪内全域に10棟の建物がみられる。
次が「正保図」(1644～54) である。この図は幕府
の命によって提出された図で，精度は高く，城米曲
輪の箇所に「百間蔵」の名称がみられるが建物は
ない。一方『玉露叢』に「城米五千石の処，二千
石増加」の記事があり，『稲葉永代日記』に「小
田原城米二千五百石を江戸浅草に上納」とあるこ
とから，1661年頃城内には幕府城米蔵があった
ことが知られる。1672年の「寛文図」には土塁
上に3棟の建物が既存分として描かれているが，
3年後の「延宝図」には別に2棟が平垣部にみら
れる。しかし，延宝図と相前後して成立したとさ
れる「国立公文書館図」には4棟の建物が延宝図
と配置を異にして描かれている。

　延宝図の成立から10年余後の『稲葉・大久保

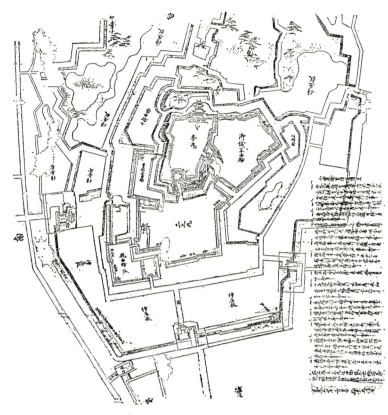

図3　寛文図

引送書』(1686年) には，「城米八百石，瓦蔵五棟，
三棟三間梁・桁行十五間，一棟桁行十三間，一棟
桁行十二間，塩八百俵但し百九十二石，あらめ二
百八十束」と記され，城米蔵5棟が存在していた
と考えられる。この記事の頃に最も近い「元禄
図」(1689年) や「宮内庁図」(1702～03年) には土
塁上に3棟，平垣部に2棟描かれている。宮内庁
図には，土塁上の3棟は幅3間，長15間，他の
2棟は長12間，長13間の記載がみられ，他に
あらめ蔵や垣根に囲まれた番所など計10棟が記
されている。そして5棟の城米蔵は，いずれも石
造の基礎と瓦屋根をもって描かれる点で，これま
での絵図と著しい差異をもっている。1703年に
は大地震のため，城内は災上し，城米曲輪も大き
な被害を受けたと思われる。そして，地震後30
年余後の「享保図」(1734年) では土塁上に3棟
あるのみである。その後われわれが城米曲輪の様
子を知るのは100年以上経過して，「天保図」
(1839年頃) の出現を待たなければならない。こ
の間1783年には天明の大地震があり城内も大き
な被害にみまわれた。天保図には土塁上に3棟，

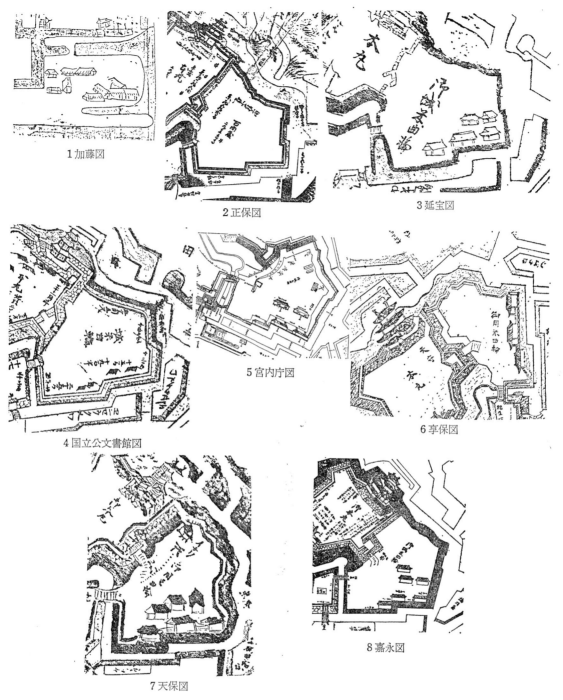

図4 小田原城関係の絵図

平坦部に3棟現われるが,並びや向きは不整いな表現となっている。次いで「弘化図」(1845年)では土塁上の3棟がみられるだけである。その後1853年には大地震があり,城米蔵6棟が大破した記録がある。そして江戸時代も終りを告げようとする頃の「嘉永図」(1853～67年頃)には平坦部に3棟の建物が並び,計6棟となる。この図に現われる平坦部の3棟は,土塁に平行に曲輪中央付近に1棟と北寄りに並列で2棟であり,その配列は整然としている。

59

以上が絵図に描かれる江戸時代の城米蔵の様子である。これらから城米曲輪には土塁上のものも含めて5～6棟の蔵が存在していたというのが一般的な姿であったと理解される。このうち平坦部では加藤図は別として，常に曲輪中央から北寄りに建てられているようである。発掘調査の結果，曲輪内の南寄りは自然地形にしたがって緩傾斜地となっていたことが明らかであり，建物の配置はこのことに規制されたためと考えられる。

さて発掘調査で確認された3棟の蔵跡は，層位的には同一であり，また構造上においても差異はない。そして，この3棟以外に同時存在した同規模の施設は考えにくい。したがって絵図との対応を考えるならば，天保図か嘉永図のそれということになるが，配置から判断すれば嘉永図にあてはめるのが妥当である。また，掘立柱跡については，配置の点から判断する限り，天保図に描かれている稲荷社にあてるのがよさそうである。

3 まとめ

ここでは，発掘された遺構を絵図に対比させる作業を試みた訳であるが，そうした作業を行なうにあたって気づいたいくつかの問題点を整理してまとめとしたい。

小田原城関係の城絵図は，今日20枚以上が知られている。これらの絵図は模写によって伝承したものが多く，後世の書き入れがみられる一方で，成立年代を明記していないものが半数以上を数え，その絶対年代を割り出すことが難しい。しかし，図中の作事や社寺，家臣姓名などの記載をもとに編年がなされ，ある程度所属時期を特定し得るまでに整備されつつある。ここではそうした成果に立脚して実際に確認された遺構をあてはめてみたが，発掘調査で確認された遺構の中にはいずれの城絵図にも登場しない遺構が数多くある。

城米曲輪の発掘は限定的なものではあったが，それでもトレンチ内において検出された多くの地業面とおびただしい遺構の累重には驚嘆するばかりであった。今後とも城絵図の新しい発見は十分予想されることではあるが，それでもなお，この間の隔りを埋め得るとは考えられない。それは，城米曲輪が小田原城の中で最も長期にわたり使われ続けてきた場所の一つであることの証しであるとともに，城絵図というものが持つ一つの属性に起因するものと考えることができる。

絵図は必ずある特定の意図のもとに作成されたものであり，その意図によって，表現される範囲や内容，方法に差異が生じることになる。小田原城図は描く対象範囲によって，三の丸以内を描く城内図と，大外郭までを描く城下町図とに分けられ，それぞれによって表現の力点が異なる。城下町図の中には城内が曲輪の輪郭線だけで描かれるものもあれば，城内図においても作事（建物）の一部が省略されるものがある。一方，詳細に描写され，寸法まで書き込まれるものもある。また前代の絵図をベースとしながら一部が加筆される例もみられる。

さらに小田原城図はその成立の意図によって3群に分類される。「城付基本図」と「調進図群」「その他」である。城付基本図とは本来的に城に付属した公式図で，『稲葉・大久保引送書』に「城絵図壱枚」「小田原府内絵図壱枚」とあるのがそれで，原図は未発見であるが正保図や享保図，嘉永図などがその系統にあると考えられている。調進図群とは藩から幕府に提出した絵図で，幕府の命令によって提出したものや，城の普請や改修の申請に添付した図などである。正保図は前者であり，寛文図などは後者に分類される。そしてこれらに属さない図としては加藤図や延宝図などがある。これらはフリーハンドで描かれ，城下町全体を対象としており，民間の側で成立した可能性がある。

このように，城絵図は多種多様であり，そこに描き出される内容は特定の意図に基づく限定的な描写であることを余儀なくされている史料なのである。しかしやはり城郭の調査においては欠くことのできない史料であることはいうまでもないのであり，それを正しく活用するためには古文書一般がそうであるように，厳密な史料批判を前提としなければならないのである。

引用参考文献

1) 神奈川県史編纂室『神奈川県史』資料編 4，1971
2) 小田原市郷土文化館「小田原城古絵図集」小田原市郷土文化館研究報告，13，1977
3) 田代道彌「小田原城」『日本城郭大系』6，新人物往来社，1980
4) 小田原市立図書館『江戸時代の小田原』小田原市立図書館叢書，2，1980
5) 小田原市教育委員会『現代図に複合させた小田原城城郭図の解説』小田原市教育委員会，1983
6) 小田原市教育委員会『城米曲輪』小田原市文化財調査報告，15，1984

陣屋（北海道白老・戸切地陣屋跡）

北海道埋蔵文化財センター
■ 長沼　孝（ながぬま・たかし）・三浦正人（みうら・まさと）

幕末に外国勢力の進出に対する備えとして構築された陣屋跡
からは陶磁器をはじめとする日常生活品が数多く発見される

江戸幕府は，安政元年（1854），日米和親条約を締結し，下田，箱館の二港を開港した。その結果，ロシアを中心とした外国勢力に対する蝦夷地の警備が必要となり，翌安政2年（1855），幕府は東西蝦夷地を直轄領とし，松前，津軽，南部，秋田，仙台の五藩に沿岸の分割警備を命じた。その後，安政6年（1859），松前藩を除いた四藩に荘内，会津を加えた六藩に領地を与え，併せて領地内の警備にあたらせた。

各藩は，それぞれの領内に元陣屋，出張陣屋，屯所などを設け（表1），慶応4年（1868）の戊辰戦争まで沿岸警備を行なった。つまり，北海道の陣屋は，幕命により奥羽諸藩が在地を離れ，外国勢力の進出に対する備えとして構築，経営されたものである。外国勢力に対する必要上という契機からみれば，北部九州の元寇防塁と通じるものがあり，両地域の地理的環境の共通性がうかがわれる。

陣屋の形態は，濠と土塁の組み合わせを基本にしているが，各藩各様でそれぞれ特色がある。これらのうち，保存状態の良好な上磯町松前藩，室蘭市南部藩，白老町仙台藩陣屋跡は国指定史跡となっている。

発掘調査は，先の松前藩，仙台藩陣屋跡のほか，寿都町津軽藩陣屋跡[1]，浜益村荘内藩陣屋跡[2]，標津町会津藩陣屋跡推定地[3]で部分的に行なわれている。ここでは比較的調査の進んでいる白老町仙台藩，上磯町松前藩陣屋跡の調査概要と出土陶磁器類の特徴を紹介する。

各藩の陣屋など設置場所

藩	元陣屋	出張陣屋・屯所など
松前	上磯戸切地	上磯矢不来
津軽	箱館千代ケ岱	寿都
南部	箱館水元	室蘭，砂原，長万部
秋田	増毛	宗谷（稚内），白主・久春古丹（樺太）
仙台	白老	根室，厚岸，国後，択捉
会津	標津・紋別	
荘内	浜益	

1　白老町仙台藩白老陣屋跡[4]

調査経過　昭和41年国指定史跡，昭和46〜49年土塁，濠，建物跡などの所在確認，昭和55〜59年平面復元のための建物跡調査

立地　国鉄白老駅の北西約1.5km，ウトカンベツ川と白老川支流の小河川に挟まれた，標高50m前後の丘陵に東方と北方を囲まれた沖積地に位置し現海岸線からは約2kmの距離がある。

構造　円と弧を基本とした土塁と濠による造りで，円形の土塁・濠に囲まれた内郭と弧状の土塁・濠と旧ウトカンベツ川の河道に挟まれた外郭から成っている。北方丘陵上の塩釜神社と東方丘陵上の愛宕神社の二社は陣屋造営にあたって仙台から勧請されたものである。さらに内郭の北西300m，塩釜神社の裏手に火薬庫が造られている。

建物跡　「白老元御陣屋之図」（宮城県立図書館蔵）や「仙台藩白老御陣屋詳細図」（市立函館博物館蔵）などの絵図によれば，内郭には本陣，勘定所，殻蔵，兵具蔵，厠，外郭には4棟の長屋のほか100間の馬場，60間・30間・15間の星場（射撃場），稽古場，馬見所，鉄砲打出しなどが配置されている。発掘調査の結果，内郭では5棟の建物跡のほか2基の井戸，外郭では二番〜五番の4棟の長屋跡が，位置・規模ともに絵図とほぼ一致して確認されている。建物はすべて素掘りの掘立柱で，簡単な整地後に構築されている。

出土遺物　各種の陶磁器，包丁・ノミ・鋏などの鉄製品，オロシガネ・キセルなどの銅製品，天保・寛永・箱館・仙台通宝などの古銭，硯・砥石などの石製品のほか，土製の碁石，ガラス玉などがある。

2　上磯町松前藩戸切地陣屋跡[5]

調査経過　昭和40年国指定史跡，昭和54，55年測量，遺構概要調査，昭和56年〜全面遺構確認調査（継続中）

立地　南流して函館湾へ注ぐ戸切地川左岸，標

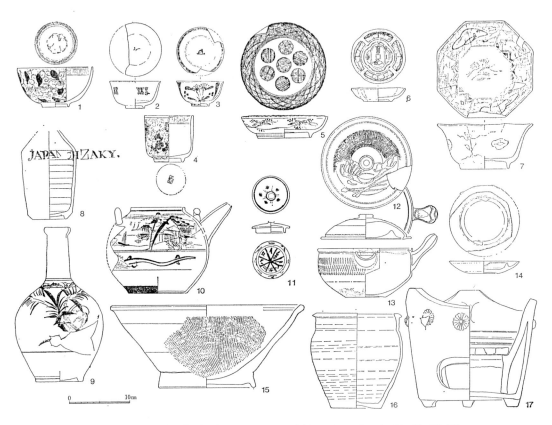

白老・戸切地陣屋出土陶磁器 (2・3・6・7・14：白老　1・4・5・8～13・15～17：戸切地)

高 70m の舌状台地に位置する。現海岸線からは約 5km 離れているが，函館山，函館湾，大野平野を眺望できる要害の地である。

構造 洋風築城法による土塁と空壕からなる四稜郭で，函館山に対する南東部に砲台がある。絵図によれば，土塁は上幅2間，下幅6間，高さ2間，土塁外側の空壕は幅3間，深さ2間の大きさで，さらに郭内には馬隠し土塁がある。火薬庫は郭の裏手230m離れたところにある。

建物跡 「松前藩陣屋絵図」（市立函館博物館蔵）などによれば，郭内には備頭・目付詰所，諸士詰所，足軽詰所，物見，道場，味噌蔵，米蔵，文庫，武器蔵，厠，風呂屋，鉄砲入，筒入，井戸，便所などが配置されている。発掘調査の結果，現在までに郭中央部に備頭・目付詰所跡（16×8間），諸士詰所跡（22×8間），足軽詰所跡（23×7間），風呂屋跡（5×2間），奥の一段高いテラス上に米蔵跡（6×3間），文庫・味噌蔵跡（3.5×3間，6×2間），道場跡（7×4間），鉄砲入跡（5×3間），厠跡（10.5×3間），炭蔵跡（5×3間）が確認され，さらに井戸，便所，ゴミ廃棄土壙などが発見されている。これらの建物跡は先の絵図と位置が概ね一致するほか，米蔵跡では炭化米が，鉄砲入跡では銃弾製作を思わせる鉛滓の出土があり，さらに道場跡の掘立柱には入念な根固めがみられるなど，絵図通りの建物跡と考えてよさそうである。

出土遺物 各種の陶磁器，鍋・包丁・鋏などの鉄製品，キセル・印・かんざし・鏡・毛抜きなどの銅製品，鉛製の銃弾（ゲーベル，エンフィールド銃用），寛永・箱館・文久・永楽通宝，一朱銀などの古銭，硯などの石製品，土製の碁石，ガラス玉などがある。

3 陶磁器類

両陣屋とも出土傾向は一致し，各種の磁器類が多く，土瓶・行平などの炻器類がそれに次ぎ，陶器類では擂鉢・甕などがある。その他の焼物では，素焼の焜炉，手焙りなどがみられる。

磁器類は青磁，白磁，染付，色絵があるが，染付が大半である。器種は，飯茶碗・湯呑・猪口などの碗類，各種サイズの皿類が多く，他に鉢，段重，急須，水滴，徳利，蓮華，蓋などがある。

飯茶碗は口径 10～11cm，器高 6cm 前後，高台径 4～5cm の大きさである。器形は口縁がわ

ずかに外反する端反りのものと，内湾気味で丸腰のものとがあり，それぞれに伴う蓋がある。文様はバラエティーに富み，外面は各種の吉祥文がみられ，内面は雷文をめぐらし，見込みに簡略化した松竹梅を表現しているもの（1）が多い。

湯呑は口径 8〜9cm，器高 4〜5cm，高台径 3〜4cm の大きさで，器形は端反りのものが多い。文様は各種あるが，外面に抽象化した花文（3），篆字文（2）を施し，内面に線文のほか，見込み中央に花や雁などがみられるものが多い。

皿類は大型のものが少なく，口径 13〜15cm，器高 3〜5cm の中型のいわゆる五寸皿が多く，それらの中には北海道で「三平皿」と呼ばれている[6]ものも含まれている。高台は蛇ノ目凹形高台で，型抜きのものも多い。文様は，外面に簡素な唐草文，原氏香文など，内面に丸文（5），山水文，松竹梅などがみられる。

小皿は大半が型抜きで，角形，丸形，鐔形，輪花形などがあり，型作りの文様は松竹梅などが多いが，6のように重ねた天保通宝を表現し，時代性がみられるものもある。

他の器形では，内面に松竹梅が描かれた八角形の浅鉢（7），「JAPAN S CHZAKY」と呉須書きされたコンプラ瓶（8），笹文の徳利（9）などが特徴的なものである。

土瓶は山水土瓶が多く，口の作りは直立するもの（10）と受け部をもつものがあり，蓋もそれに対応する山蓋と落し蓋がみられる。戸切地陣屋出土の蓋には墨でイ，ロ……，一，二……などが書かれ，遊び道具として利用されたようだ（11）。

行平はいくつかの種類があるが，12・13のように型抜きの把手で，鉄釉が施され，飛鉋がみられるものが多い。土瓶・行平とも 17 のような焜炉にかけられたと思われ，すべて底部にススが付着している。

擂鉢（15），甕（16）は内外面とも茶褐色系の釉が施され，作りの粗いものが多い。

4 若干のまとめ

染付類の産地については確定できないものも多いが，万延元年（1860）ごろから佐賀藩直営の陶器店が箱館にあった[7]ことなどから，肥前産のものがかなり含まれていると思わる。皿類，コンプラ瓶，徳利などの一部はその可能性がある。また幕末ごろに瀬戸・美濃で大量に生産され，全国的に流通した灯器[8]の油皿，受皿（14）が両陣屋から出土していることから，瀬戸・美濃産の染付も含まれているようで，湯呑などの中には瀬戸市かみた2号の出土品[9]に近似するものがある。また東北地方においても幕末ごろから山形県平清水などで磁器生産がさかんになっている[10]ので距離的に近いそれらの製品も含まれている可能性もある。また，北海道での唯一の生産磁器である箱館焼（安政6〜文久2年生産）の可能性がある「函製」銘の碗（4）が1点，戸切地陣屋で出土している。

炻器・陶器類は，磁器以上に各地で作られているので産地を確定するのは困難である。13と同様の行平の底に「笠間テ可フタ」という墨書をもつものがあるので，この種の鉄釉，飛鉋の行平は笠間焼の可能性がある。

両陣屋出土の陶磁器は産地の確定できないものも多いが，使用年代という点からみれば．安政2年（1855）〜慶応4年（1868）の13年間にほぼ限定することができる。したがって，陶磁器において近世と近代を画する一つの指標といえる。また，陶磁器の全国的な流通を考える上でも欠くことのできない資料である。

両陣屋出土の遺物は陶磁器などの日常生活品が多く，希少性こそ少ないが，北辺警備に携わった人々の生活の様子を浮き彫りにし，幕末史の一ページを具体的に語ってくれる貴重な資料である。

註
1) 内山真澄『寿都町文化財調査報告書Ⅱ』寿都町教育委員会，1980
2) 浜益村教育委員会『荘内藩ハママシケ陣屋跡の調査』1985
3) 椙田光明『標津の竪穴Ⅵ』標津町教育委員会，1983
4) 白老町教育委員会『史跡白老仙台藩陣屋跡Ⅰ，Ⅱ，Ⅲ』1982，1984，1985
5) 上磯町教育委員会『史跡松前藩戸切地陣屋跡 昭和55，56，57，58，59年度発掘調査概要報告』1981，1982，1983，1984，1985
6) 松下 亘「三平汁・三平皿考」北海道の文化，16，1969
7) 佐藤勘三郎『函館市誌』函館日々新聞社，1935
8) 佐々木達夫「19世紀中葉の灯器」『金沢大学法文学部論集史学篇』25，1977
9) 宮石宗弘ほか『かみた第1・2号古窯』愛知県教育委員会ほか，1975
10) 芹沢長介「東北地方の窯業」『日本やきもの集成』1，1981

宿場町（富山県桜町遺跡）

小矢部市教育委員会
伊藤隆三
（いとう・りゅうぞう）

北陸街道にそう宿場・今石動宿の北方に位置する桜町遺跡からは江戸後期の宿場町の生活をあらわす資料が多く出土している

加賀前田氏による加越能三国支配は，初代利家が能登七尾より金沢へその居を移した1583年（天正11）にはじまる。二代利長の時には石高120万石に達し，ここに，以後2世紀半にわたる長期支配の基礎ができたのである。近世北陸街道の整備はこの直後にすでに着手されており，越中国内においても，1601年（慶長6）以降，並木，一里塚の設置がすすめられ，1635年（寛永12）の参勤交代制確立以後，より完成されたものとなった[1]。

この北陸街道にそい加賀より越中に入って最初の宿場が，今回紹介する今石動宿（現富山県小矢部市）である。今石動は金沢へ約25km，高岡へ約15km，富山へ約35kmで，いずれに向かうにも徒歩で約1日の位置にある。

1 今石動の成立

今石動は利家が越中礪波郡，射水郡を加封された1585年（天正13），加越国境に近い当地を軍事上の拠点として選び，白馬山山頂に今石動城を築いたことによりはじまる。しかし本格的な町立ては，同年11月発生した大地震により木舟城（現西礪波郡福岡町所在）が崩壊し，城主前田秀継が死亡し，跡を継いだその子利秀がこの地に居を移してからである。利秀は居館を今石動城の麓に築き，これを中心に町並みが整えられていった。しかしながら前田氏の越中支配が安定するなかで，今石動の軍事拠点としての役割はしだいにうすれ，1615年（元和元）発布された一国一城令により，1638年（寛永15）城は廃された。これ以降，今石動は江戸時代を通じて専ら宿場町としてのみその責を果たすのである。

加賀藩は慶長のはじめ，宿駅の制をもうけており，今石動宿についても，1605年（慶長10），1615年（慶長20），1654年（承応3）に，伝馬，人足，継飛脚などについて相ついで細かい規則を定め，実施している。また一方では，1638年（寛永15），隣接する埴生村を加宿に指定するなど今石動宿の整備，強化も図っている[2]。

2 桜町（さくらまち）遺跡の発掘

桜町遺跡は今石動宿北方の水田地帯に広がっている。昭和56年に実施した発掘調査によって，宿場町の人々の生活をうかがい知るうえで興味深い資料が出土している。調査地点は小矢部市西中野字古苗代・字鶯場で，遺物は調査区を南北に横切る2条の水路より検出された。幅約7m，深さ約0.8mを測るこの水路は今石動方向より流れ，おそらく小矢部川支流の子撫川にそそぐものと思われる。遺物は生活排水とともに流されてきたもので，若干の陶磁器と多量の木製品がある。陶磁器および紀年のある木簡などから，これらが江戸時代後半期（18世紀後半）のものであることが知られる[3]。

木製品 出土した木製品は多種多様であるが，そのほとんどは衣食住に係わる生活用具で，生産に係わるものはごくわずかである。前者には，下駄，傘轆轤，櫛，桶，樽，曲物，箸，漆椀，折敷，杓子，擂粉木，独楽などが，後者には鍬の風呂，木鎚などがある。また，これに木簡が含まれる。このうち最も出土量が多く多様な下駄，そして木簡についてやや詳しく紹介したい。ことに下駄は，

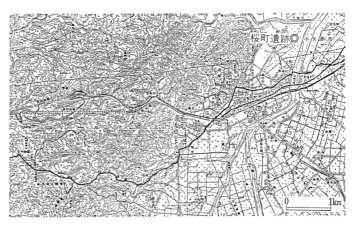

北陸街道と桜町遺跡

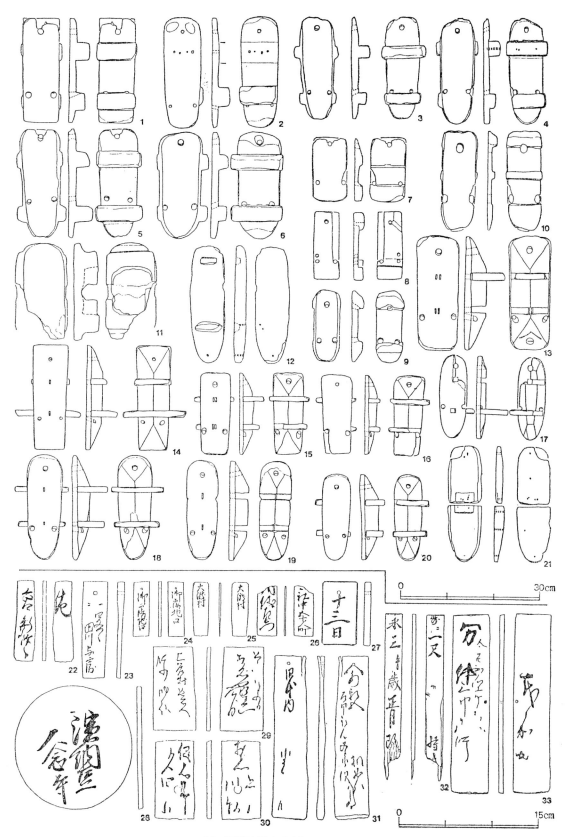

桜町遺跡出土下駄（1/8）と木簡（1/4）

当時の風俗，木工技術を知るうえで興味深いものがあり，近年江戸，大坂などで集積されつつある該期の資料とも対比が可能である。

　　下　駄　出土した下駄は大きく二種に分つことができる。すなわち，台および歯を同一の材より削り出す一木づくりのもの（図 2—1～12）と，台と歯を別につくり組み合せたり，あるいは台を二枚の板を接合してつくる構造下駄（同 13～21）とでもいうべきものである。さらにこれらは，台の形態，壺の有無，後壺の位置，歯の位置，歯の数などにより細分される。

　　一木下駄のうち 1～6 はいわゆる連歯下駄にあたる。方形のものは 1 点のみで，ほとんどが若干前広がりの丸形である。また後壺の位置は後歯よりも前方に穿たれているのが一般的で，2 は特殊な例である。歯底辺長は台幅よりもやや広い。2・4 は前歯を補修して使用している。7・8・9 は歯が台の両辺に寄せてつくられたもので小型品に限られる。露地下駄あるいは庭下駄[4]などといわれるもので，東京都一橋高校[5]，大坂城三の丸跡[6,7]出土品などに類例がある。この他特殊なものとして，三ツ歯下駄（10），雪下駄（11），歯をもたない草履状の下駄（12）がある。

　　構造下駄は，歯を台に装着した際，枘の木口が台表面に露呈する露枘下駄（13～15，17～19），表面にあらわれない陰枘下駄（16・20）および歯をもたずしかも台を 2 枚の板を接合してつくる中折れ下駄（21）に分けられる。露枘下駄の枘は 1 枚ないし 2 枚で，幅 2 mm 程度と極めて薄いのが特徴的である。江戸，大坂出土例にみる正方形に近い枘をもつものは17など数点のみである。差歯下駄の台裏はすべて寄棟状につくられ，歯の形状は台形のいわゆる銀杏歯である。

　　出土下駄の量比は一木下駄 40%，構造下駄 60 %である。台の形状では一木下駄は丸形のものが圧倒的に多く，構造下駄では方形の露枘下駄が最も多い。全体に歯が相当すりへっており，また前壺両側の指のあたりの深いものが目立つなど，使用期間が長かったことを示している。

　　慶長年間の戸口調査記録である「今石動町続福町村家数高并商売柄書上帳」[8]が残されている。当時の戸数と職業別の内訳が記されており，これから下駄の製作あるいは販売に係わりのあると思われる記事を抜きだすと次の通りである。

　　今石動町続福町村

　一，九軒　足駄並草履商売人
　　　後谷村出村町端
　一，壱軒　足駄等商売人
　　　今石動上野町江上野村ゟ飛地家左ニ家数高
　一，壱軒　豆腐並足駄等商売人

　この時期に，今石動およびこの近辺で 11 軒の「下駄屋」があったことが知られる。人々の間に下駄が一般的な履き物として普及していたことを窺わせる資料である。

　　木　簡　木簡には付札などに使用されたと思われる一孔を穿ったものが多い。このほか，曲物など容器の蓋に書かれたもの，削り屑もある。釈文を示すと次の通りである[9,10]。

　記載の内容には，人名，地名，山号・寺名にあたるものが目立つ。ことに地名，寺名には今石動宿および近隣で現地が比定あるいは推定できるものが多い。また，出土木簡中で唯一紀年のある32には「□永三午歳…」と記されており，1774 年（安永3）を示している。安永年間（1772～1780年）

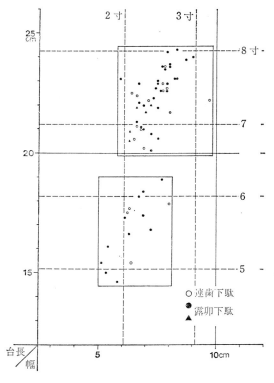

桜町遺跡出土下駄の大きさ

今石動は，前田家十一代藩主，治脩の治世下である。

3 おわりに

　近世の考古学的な調査は富山県においても例にもれず少ない。越中は既述のとおり，江戸時代加賀前田氏の支配下にあった。近世最大の大名前田氏の城下金沢は戦災など大規模な被害をうけておらず，文献，絵図など残された資料も少なくない。今後これらと一体となった調査が望まれるところである。

註・参考文献
1) 富山県教育委員会『富山県歴史の道調査報告書―北陸街道―』1980
2) 小矢部市史編集委員会『小矢部市史』上巻，小矢部市，1971
3) 小矢部市教育委員会『富山県小矢部市桜町遺跡（古苗代・鷲場地区）』1982
4) 潮田鉄雄『日本人とはきもの』住宅新報社，1976
5) 古泉 弘「江戸の出土下駄」物質文化，32，1979
6) 大手前女子大学史学研究所ほか『大坂城三の丸跡の調査Ⅰ』大手前女子学園，1982
7) 大手前女子大学史学研究所ほか『大坂城三の丸跡の調査Ⅱ』大手前女子学園，1983
8) 太田文書（小矢部市史編集委員会「今石動の戸口のうつりかわり」『小矢部市史』小矢部市，1971)
9) 木簡の解読は，富山大学人文学部助教授鎌田元一氏（現在京都大学），奈良国立文化財研究所鬼頭清明氏によるものである。
10) 伊藤隆三「富山・桜町遺跡」木簡研究，5，木簡学会，1983

たたら製鉄

千葉市文化財調査協会
穴澤義功
（あなざわ・よしのり）

　日本の製鉄は多様な面をもちながらも，たたら遺跡を中心に中・近世を通じて着実に発展し，幕末の近代製鉄へと転換していった

　近世の「たたら製鉄」に関する研究は，ここ数年，大きな転換期を迎えようとしている。こうした背景には，最近各地で相次いで発掘される鉄関係の遺構・遺物が中世から近世全般，さらに近代にまで広がりをみせる一方，文献資料の探索や見直しも行なわれ，技術的側面を中心に，多様なたたら製鉄の姿が明らかになってきたということがあろう。

　そこで今回はいくつかの代表的な側面から，中・近世の「たたら製鉄」とはいったい何であったのかを探ってみたい。

1 中世たたら炉の発展

　わが国の中世以前の製鉄遺跡の構造は，発掘例も多く，比較的よく知られている。その技術的特徴は，大別して西日本を中心とする長方形箱型炉系の技術と，東日本を中心とする半地下式竪型炉系の技術の2系統のバリエーションとして捉えられることは先に示した通りである[1]。

　ではこうした2つの流れは，中世から近世前半

にかけてどのような方向をたどって技術的発展を
とげたのだろうか。そのあたりを最近の発掘例や
文献から考えてみたい。

（1） 長方形箱型炉系の遺跡

江戸時代後期の天明4年(1784)，伯耆の下原重
仲によって著わされた『鉄山秘書』は当時の製鉄
技術を具体的に知る上で第一級の資料である。詳
しくは省くとして，「往昔蹈吹多々良の事」とい
う，江戸中期以前のたたら炉のことを述べた章に
次のような記述があることは注目してもよい。

（昔は）「鉄の吹様少し違也。……高殿の床も
脇に舟という事もなく，本床計り掘りて，今の
床の如く焼しとなん。是も中古に至りては，床に
念入しやらん。古床に小舟あり……」。つまり，
たたら炉も古くは小舟などの付属施設がなく，本
床に相当する掘り込みを焼き固め，だんだん念入
りに構築するようになったという意味であろう。

こうした点で最近の発掘調査例は当時の炉の発
達状況とよく対応している。たとえば，広島大学
によって発掘された広島県豊平町大矢遺跡の地下
施設は，丘陵斜面を「L」字状に削平した平坦面
に長さ4m，幅0.6m，深さ0.4mの弧状を呈す
る2本の溝をめぐらせ，その溝に囲まれた内側に

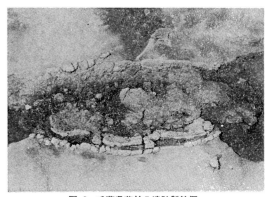

図2　千葉県若林I遺跡製鉄炉

長さ3.4m，幅1.2m，深さ0.5mを測る舟底状
の施設を斜面に平行して造り出している。溝や舟
底状の施設の内面は高い温度で焼かれ，非常に固
く締っており，中には木炭粉を充塡している。ま
た，地下施設の東西両端には鞴を備え付けた台座
の跡も確認される。さらに周辺には排水溝，スラ
グ溜，砂鉄置場などが存在している。操業時期を
決定できる資料は出土しておらず，伴出した木炭
の C_{14} 年代測定法や熱ルミネッセンス法によっ
て12～13世紀のものであるとされている[2]（図
1）。

これによく似た発掘例は，この大矢遺跡の他に
も，福岡県丸ヶ谷遺跡，広島県石神遺跡，矢栗遺
跡第1・2号炉床，島根県かなやざこ遺跡，隠地
遺跡第2・3号炉床，下大仙子遺跡，鳥取県大河
原遺跡，モクロウジ垰遺跡，千葉県若林I遺跡[3]
（図2）などでも続々知られてきており，これら
をまとめて大矢型と呼んでいる[4]。

また，その立地条件や地下施設の有無や構造に
多少の差はあるものの，基本的には，江戸時代中
期に中国地方に出現した本格的な地下施設を持つ
「高殿たたら」への発達過程の途上にあるグルー
プとみることができる。さらに舟底状の炉床施設
と2本の溝からなる構造は，本格的な床釣り施設
の初現的な形態としてもう少し積極的に評価して
もよいのではないかとも考えられる。その発達過
程は送風装置などの改良に伴う比較的ゆるやかな
ものであった可能性が大きいという点で，注目し
たいのである。

（2） 半地下式竪型炉系の遺跡

一方，これに対して，東日本を中心とする半地
下式竪型炉系統の良好な中世遺跡の発掘例は今の
ところほとんど知られていないのが現状である。

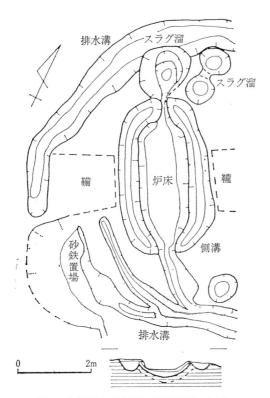

図1　広島県大矢製鉄遺跡（『石神遺跡』より）

しかし，12〜13世紀に始まる中世鋳物師集団の東国への移住の記録や，これも東国に多い鋳鉄仏の問題に加えて，発掘された静岡県日野遺跡，東京都多摩ニュータウンNo.450遺跡，さらに千葉県山田遺跡，三の谷遺跡，金田遺跡などの断片的な資料を合わせて判断するかぎり，円筒形，あるいは方形の鋳物師のコシキ炉に近い竪型炉を若干の防湿，保熱用の地下施設の上に設けた姿を想像することができそうである。

事実，こうした遺跡からは，西日本とはちがった，自然通風用の大口径羽口や鋳型あるいはルツボなどが検出され，銑鉄の生産が盛んであったことをうかがわせる。

さて，こうした東西日本の中世鉄生産は，技術的にも社会的にも古代以来の延長線上で発展したものと考えられる。たたら炉の規模も従来の2〜3倍程度と「野だたら」の範疇を大きく越えるものではなさそうである。もちろん発掘された遺構の多くは，地下構造を中心とする製鉄炉の一部にすぎないが，それでも複数の技術がゆるやかに発展をとげていた姿は，次の近世たたらを理解する上で欠かせないポイントであろう。

2 近世たたら製鉄の成立

先にみたように，中世にはすでに一定の発展段階に達していた中国地方の鉄生産技術が，元禄4年前後に天秤吹子が開発されると，在来法が炉床と側溝程度の簡単な炉であるのに対し，高殿と呼ばれる建屋の中に入念に築かれた床釣りという地下構造物の上で代々操業されるようになる。これがいわゆる近世の「たたら製鉄法」である。

島根県在住の高橋一郎氏らの『杠日記』や『絲原家文書』などの研究によれば[5]，こうした近世たたらはこの元禄4年（1691）前後を第一の契機として銑鉄生産量が増加し，大鍛冶屋を抱えて，より付加価値の高い錬鉄（包丁鉄）までを一貫生産する大規模な「近世企業たたら」が出現するという。

また，第二の契機としては，安永元年（1772）ごろ出雲の一部の鉄師の間でそれまで捨てていた鉧を割って直接，和鋼を取り出すことができるようになったため，さらに生産性が向上し，操業技術的には一応の完成期を迎えたという。

さらに，第三の契機は幕末の安政5年（1858），それまで4日かけていた1回の操業にさらに改革を加え，三日押という効率的な方法を生み出すこ

表1 近世たたら製鉄の変遷

時　代	画期（案）	画期〈代表遺跡〉ほか	原・燃料	送風装置	生産品	炉　型　式	本稿の遺跡	段階
(平安末〜戦国)		大矢型〈大矢遺跡〉	砂鉄(赤目系)・木炭	横差吹子		舟型炉 竪型炉	若林I遺跡 大矢遺跡	V
1600 (江戸前期) 1650	1603 (慶長8年)	小舟の成立〈田渕1号たたら〉初期企業たたら・季節操業	川砂鉄	土吹子(踏吹子)	銑鉄(和鉄)・錬鉄	(小舟)		VI
	1674 (延宝2年)	地下構造改良〈五ノ旗鈩〉連年操業(銑押法)				円炉		VII
1700 (江戸中期) 1750	1691 (元禄4年) 1719 (享保4年)	天秤吹子開発 近世企業たたら成立 4日押	山砂鉄(鉄穴流し)	天秤吹子(櫓天秤・土天秤) 水車吹子	包丁鉄一貫生産	永代たたら(高殿たたら) 長炉(南蛮吹)	保光たたら 銭神G遺跡	VIII
(江戸後期) 1800 (幕末) 1850	1772 (安永元年)	操業技術一応完成(鉧押の成立) 藩営たたら増加・鉄座・年間操業 3日押	(真砂) 岩鉄		鉧(和鋼)		ドウメキ沢遺跡 白須山たたら	IX
	1850 (嘉永3年)	洋式技術導入〈佐賀藩〉		(箱吹子)	(鋳鉄砲)	反射炉		X
	1857 (安政4年) 1858 (安政5年)	鉱石高炉〈大橋〉 鉧押法の完成		溶鋼 (高炉銑)		高炉	佐比内高炉遺跡	XI
(明治) 1900	1867 (明治元年)	洋鉄輸入	コークス	動力吹子		角炉		XII

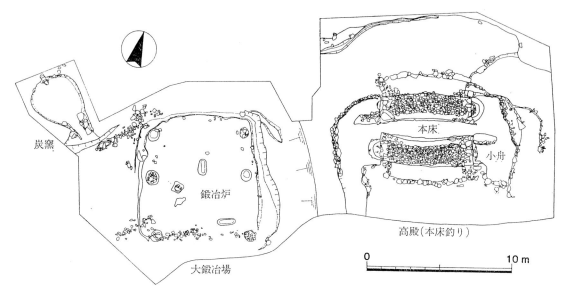

図3 広島県保光たたら(『保光たたら』より)

とで技術的に完成したとされる。

さて,こうした各種の技術的改良によって,江戸時代後期には,いわゆる「出雲のたたら」に代表される中国地方の鉄生産高は,全国の6割程度をしめるようになり,技術移転も盛んに行なわれた(表1)。

鉄山の操業の様子は,先に紹介した『鉄山秘書』をはじめ,『金屋子縁起抄』『芸州・加計鉄山絵巻』『先大津阿川村山砂鉄洗取之図』といった史料によっても一部うかがい知ることができる。しかし,近世たたら製鉄の実態解明にはやはり発掘調査が最も有力な手段であることに変りはない。最近では各地で様々なたたらが明らかになり,発掘例から具体的な構造や技術的問題を理解することができるようになってきた。ここでは,そうした代表例をいくつか紹介しよう。

保光たたら 広島県東城町粟田に存在する遺跡で,昭和58年,保光たたら発掘調査団によって発掘調査が行なわれた。遺構は高殿たたら跡,大鍛冶場跡,炭窯が検出された。高殿の地下構造は,大きく5段階の床釣りより構成されるかなり複雑なものであった。大鍛冶場は,高殿西側に検出された方形建物跡で金床石と本場,左下場に用いられたとみられる2基の炉が認められた。遺物は砂鉄,木炭,炉壁,鉄滓,羽口,鉄槌などを出土している。

操業時期は,大鍛冶場出土の陶磁器から,18世紀前半から中頃にかけてと推定され,近世たたらの比較的古い時期の特徴をそなえ主に銑鉄を生産した銑押のたたらとみられている[6](図3)。

白須山たたら 山口県阿部町に存在する遺跡で,昭和51年,東大工学部に所蔵の「先大津阿川村砂鉄洗取之図」に描かれた,たたらとして葉賀七三男氏によって指摘され,昭和54年から55年にかけて山口県教育委員会によって発掘調査が行なわれた。

遺構は,高殿たたら跡,鍛冶屋跡,砂鉄掛取場跡,本小屋跡,鉄池,下小屋,炭窯,金屋子神祠など近世鉄生産の全工程が,絵図とほぼ同様な配置で確認された。また遺物は,操業に伴う各種の金物類が多く,陶磁器類も数多く出土した。

文献によればこのたたらは,享保年間(1716～)から石見の鉄山師によって断続的に稼業されたもので,幕末には藩営に転じていることが明らかになった。また,「砂鉄七里に炭三里」というたたら操業の常識をやぶって遠く70kmも離れた遠方の砂鉄を海上輸送したり,常温でダイス抜きの針金製造を行なっている点も注目される[7]。

3 様々なたたら遺跡

さて,こうした中国地方を中心とする近世たたら製鉄の技術は,近世も後半になると日本各地に確実に伝わっていった。そうした例を,熊本県の八代鉄山をはじめ,福岡県の真名子鉄山,富山県の東金屋遺跡,長野県の霧久保鉄山,福島県の小半弓たたら遺跡などにみることができる。

一方これとは別に，東北地方各地には，中世末期からの伝統を色濃く残す様々な技術が混在したらしい。これらの多くは「焙屋（とうや）製鉄」と呼ばれ，中国地方で発達した近世たたらの発展段階を知る上でも注目できるものである[8]。

　秋田藩出身の佐藤信淵は，文政 10 年（1827）に著わした『山相秘録』という鉱山技術書の鉄山の章で，今でいう長方形箱型炉系と推定される「長炉」と共に，古法として「円炉」という「径三尺五寸より四尺余にもし，円くして高さ六尺五寸位迄」に築く炉を大床の上に並列する方法もあったと述べている。また岩手県藤沢大籠の『千葉家文書』の中にある「備前流砂鉄仕様書」絵図にも円筒形の炉の背後に土鞴，左右に箱鞴を取りつけた方法が描かれるなど興味深い点も多い。

　いずれにしても，この地方の製鉄は，18 世紀初めに著わされた『和漢三才図会』や 18 世紀の後半に著わされた『鉄山秘書』に登場するほど量産化されていたわけで，江戸を含む東日本各地に対する鉄の供給地として重要であった。その生産量は江戸時代後期には全国の 4 割前後にも達していたという。こうした東北の仙台，盛岡両藩を中心とする荒鉄（銑鉄）生産は遠く水戸藩や平藩などにも技術的影響を与えていったのである。次にこれらに関係があると見られる発掘例を簡単に紹介しておこう。

　ドウメキ沢製鉄遺跡　岩手県藤沢町に存在する遺跡で，昭和 55 年，藤沢町教育委員会によって発掘調査が行なわれた。遺構は，地山上に土や炭化物を隅丸方形に 2 ヵ所盛り上げ，その片方の中央部に舟形の本床を設けたもので，排水溝も検出された。遺物は近世陶磁器や銅銭，それに鉄製品や羽口が出土している。年代は江戸時代後期と推定され，構造的には小舟などの地下施設を持たない長炉系統の焙屋製鉄址かとみられている[9]。

　銭神 G 遺跡　福島県須賀川市に存在する遺跡で，昭和 56 年に福島県教育委員会によって発掘調査が行なわれた。遺構は一辺 3.5m，深さ 1.7m を測るほぼ方形箱形の地下施設を焼き固めた直上に設けられたもので，0.6m 前後の隅丸方形に近いプランを持つ円筒形の炉を推定できる。遺物は古銭，砂鉄の他に内径 2cm，外径 11cm 前後の羽口が 60 本ほど出土している。また，この遺跡の周辺には青井沢遺跡や沢又山遺跡などよく似た構造の遺跡も数多く発掘されており，羽口を

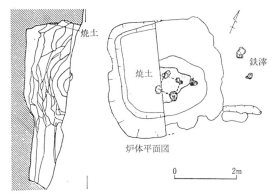

図 4　福島県銭神 G 遺跡製鉄炉
（『阿武隈地区遺跡分布調査報告Ⅱ』より）

10 本前後，接して装着する円炉系統の円筒状炉を想定できる。年代は中世から近世までと幅広い可能性が示されている[10]（図 4）。

　以上，「奥州の鉄」に関係する発掘例を 2 列紹介した。こうした多様な製鉄技術は，生産力の点では中国地方の改良された近世たたらには及ばなかったにしろ，自給を中心とした伝統的な東日本の鉄生産について参考となる点も多い。また幕末の東国で，いち早く鉱石製錬に成功した下地を再検討する意味でも，調査例の増加が望まれている。

4　幕末の製鉄事情

　東西日本で大きく異なるとはいえ，中・近世を通じて発展してきたわが国独自の鉄生産技術は，幕末の嘉永 3 年（1850）佐賀藩で反射炉が完成し，7 年後の安政 4 年（1857）には岩手県釜石の大橋で原料に岩鉄を用いた洋式高炉が稼動を始めるなど大きな転期を迎えた。その契機となったのは，「黒舟」「大砲」という外圧であった。

　『西洋鉄熕鋳造篇』などの三種の訳書で知られるオランダの U. ヒュゲェニンの著書は，当時最新の西欧製鉄術と鋳鉄製大砲鋳造法をわが国にもたらした点で，当時完成寸前であった中国地方のたたら製鉄法にとって意外な強敵となった。

　つまり，長い間，豊富な砂鉄資源によって順調に発展してきた，わが国近世のたたら製鉄製の銑鉄では大砲は作れなかったのである。したがって鉄鉱石製錬による溶鋼への需要が急速に高まり，質と量の両面で近代製鉄術へのゆるやかな転換をよぎなくされたのである。もちろん，着実な製鉄技術の蓄積の土壌があればこそこうした技術的「接ぎ木」も可能であったのである。

　こうした幕末から明治初年にかけての反射炉や

71

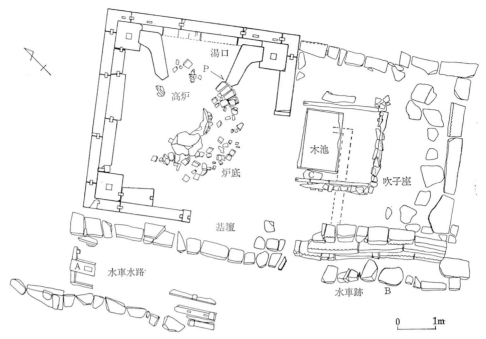

図 5 岩手県佐比内 1 番高炉平面図（『佐比内鉄鉱山』より）

高炉製鉄遺跡は，北は北海道の古武井を始め，南は鹿児島，集成館まで 32 ヵ所が知られており，次に紹介する岩手県遠野の佐比内高炉遺跡のように，発掘によって全貌が明らかにされる例も現われ始めたのである。

佐比内高炉遺跡 岩手県遠野市に存在する遺跡である。昭和 53 年，国立科学博物館蔵の「左比内鉄鉱山山内絵図」によって探索を始めた岡田広吉氏によって灌漑用溜池の底より発見され，昭和 57，8 年に遠野市教育委員会によって発掘調査が行なわれた。

遺構は，1 番高炉の基壇，吹子座，水車跡，上屋敷跡，小水路，鋳銭磨所などが発見され，遺物には耐火煉瓦，吹子板，鋳銭，油塊，羽口，鉄器，石臼，陶磁器などがあった。

佐比内高炉遺跡は，幕末嘉永ごろから開発に着手し，万延元年（1860）に高炉を建設して明治 11 年まで操業した，橋野高炉と並ぶ，わが国でも最も古い高炉遺跡であった[11]（図 5）。

5 まとめ

以上，中世から近世末期まで，主としてたたら製鉄遺跡を中心に，構造的な側面から探ってきた。その結果，わが国の製鉄技術が多様な面を持ちながらも，中・近世を通じて着実に発展し，幕末の近代製鉄へと転換していったことがはっきりした。

また，近世の「たたら製鉄」遺跡[12]についても発掘を含む総合的な研究法の確立が不可欠であることを教えてくれた。

註

1) 穴澤義功「製鉄遺跡からみた鉄生産の展開」季刊考古学，8，1984
2) 古瀬清秀・潮見 浩「広島県大矢製鉄遺跡」たたら研究，25，1983
3) 千葉県沼南町藤ヶ谷若林に存在する製鉄遺跡で，1985 年 9 月に発掘調査が行なわれ，長さ 2.3m，幅 0.6m，深さ 0.4m の長方形箱型炉が検出された。時期は 11〜13 世紀とみられる。
4) 土佐雅彦「日本古代製鉄遺跡に関する研究序説」たたら研究，24，1981
5) 高橋一郎『奥出雲のたたら製鉄覚書』横田史談会，1978，杉原清一ほか「Ⅶ 地域の中近世製鉄の流れ」『下大仙子遺跡』1985
6) 保光たたら発掘調査団『保光たたら』1985
7) 山口県教育委員会『白須たたら製鉄遺跡』1981
8) 金属博物館『宮城県関係近世製鉄史料集』Ⅰ・Ⅱ・Ⅲ，1979〜81
9) 三宅宗議・鴇田勝彦・桜井幸喜『ドウメキ沢製鉄遺跡発掘調査概報』1981
10) 寺島文隆「銭神 G 遺跡」『阿武隈地区遺跡分布調査報告Ⅱ』福島県教育委員会，1982
11) 岡田広吉ほか『佐比内鉄鉱山』遠野市教育委員会，1985
12) 河瀬正利「近世たたら製鉄址調査研究をめぐって」『日本製鉄史論』たたら研究会，1983

沈没船（開陽丸）

江差町教育委員会
藤島一巳
（ふじしま・かずみ）

箱館戦争中，北海道江差沖で沈没した幕府の軍艦・開陽丸は船体，兵器類，生活用品など多くの遺物を包蔵していた

1 開陽丸について

開陽丸は幕府海軍の増強をめざす徳川幕府によりオランダに発注された当時最強，最新鋭の軍艦であった。日本回航後，徳川幕府海軍旗艦となった。

しかし，この時すでに徳川幕府は末期的状況を呈し，開陽丸も榎本武揚らに率いられ，戊辰戦争とその最後の戦いである箱館戦争に巻きこまれ，松前藩の経済の中心地，江差攻略のため来航，運悪く激浪のため座礁沈没した悲運の軍艦である。

開陽丸全景

2 調査に至る経過

開陽丸沈没後，その回収を最初に試みたのは榎本ら旧幕府脱走軍であり，その後，開拓使などにおいても試みられた。

さらに明治37年，大正4年，昭和17年にも金属回収を目的とした引揚作業が民間業者により行なわれたが，成果を見ることなく失敗に終わっている。

大正7年に明治維新50周年を記念し，それまでに引き揚げられていた大砲2門と錨1丁が，戊辰の役戦死者の墓のある「松ノ岱」に学童らによって引きあげられたが，それも第二次大戦中に金属回収の名のもとに切断され姿を消した。

昭和42年，昭和17年の引揚作業中の写真が発見され，江差町教育委員会ではこの写真から沈没地点のおおよその位置を推定した。

昭和44年，江差港の港湾拡張計画が発表され，それに先立ち，潜水夫による海底調査で20点余りの遺物を引き揚げ，町教委は残存遺物なしとの報告を得た。この結果，防波堤工事は順調に進み，昭和47年にその完成をみた。しかし，町教委はこの結果に満足せず，昭和49年8月，独自に潜水調査を行ない，防波堤の建設により土砂が除去された外海において大量の遺物の包蔵を確認した。

この結果，町教委は，文化財保護の立場から外海・内港合わせて2万3千m²を日本でも数少ない海底の埋蔵文化財包蔵地として登録した。

3 発掘調査

調査は防波堤外海（A地区）を遺物の流出が予想されるため文化庁・道教委の補助を得た調査とし，内港（B地区）は港湾計画区域内ということで北海道開発庁函館開発建設部の原因者負担という二本立てで，昭和50年の分布調査を経て，昭和51年度から本格的調査が開始され，現在まで継続して調査が行なわれている。

調査は立教大学講師（当時）の荒木伸介氏を海底調査員に迎え，保存処理や資料収集などの専門委員からなる開陽丸発掘調査委員会が設置され，その指導により進められることとなった。

わが国のサルベージ技術や海底における土木技術の水準は高いので，発掘の作業としてこれを応用し，考古学的判断については陸上での経験を生かすという調査体制作りが進められた。調査は予想外の遺物の包蔵があり，当初より遅れたが，昭和56年にA地区を完了し，現在B地区の調査を継続している。

海底図取り作業

具体的な作業の状況については枚数の都合上，割愛せざるをえないが，その状況については，開陽丸の各年度別概報とA地区総括報告書（1982年刊）に詳しい。

4 出土遺物

現在までの出土点数は3万2千点を数える。分類整理上，大きく，船体・船具・機関部品と兵器類と生活用品に分け整理している。

船体・船具・機関類は，船体の一部をはじめ，滑車・帆布・ロープやスクリューシャフトなど点数も一番多い。

兵器類は大砲6門をはじめ，各種砲弾・銃弾・ピストル・日本刀・サーベル・信管・照準器などがある。

生活用品は，古銭類・矢立・陶磁器・櫛・ボタン・懐中時計・各種装飾品・鍵・錠・皮靴・フォーク・スプーン・ランプ部品などが出土している。

これらの遺物は日本近代化に大きな役割をはたした開陽丸を知る貴重な遺物であり，当時の造船技術や艤装，武器類，乗組員の生活が遺物を通して明らかにされつつある。

5 脱塩・保存処理

調査が開始され遺物が出土するようになった時，最大の問題は出土遺物（とくに金属製遺物）の保存処理であった。

海底から出土した遺物はその塩分のため，空気中にさらした瞬間から急激に錆が進行し，早急な対策を要求された。東京・奈良の両国立文化財研究所や地元江差高校化学クラブの指導を得て，各材質別の処理過程が確立された。塩分を薬品を用いて抜く作業をとくに脱塩処理と呼び，保存処理とここでは区別する。

各材質別処理状況は次の通りである。
- 鉄製遺物　苛性ソーダ2％溶液浸漬にて1年間脱塩処理。タンニンにて保存処理。
- 銅・真鍮製遺物　セスキ炭酸ナトリウム5％溶液浸漬半年にて脱塩処理。ベンゾトリアゾールにて保存処理。
- 鉛・錫・金・銀製遺物　鉛・錫は両性元素としてアルカリ溶液への溶解が銅より大きく，金・銀などは貴金属としての安定な特性を考慮し，ともにセスキ炭酸ナトリウム溶液浸漬3ヵ月にて脱塩処理。
- 木製遺物　水道水にて脱塩処理，PEG 20％から60％までの段階的処理を経て，トリクロールエチレンにて漂白処理を行ない保存している。
- 繊維質遺物（帆布・ロープなど）　水道水にて脱塩処理。メタノール置換法にて保存処理を行なう。

以上が，脱塩・保存処理の概略であるが，各遺物の大きさに合わせた水槽の作成や処理施設の問題，材質の複合遺物の処理問題など多くの問題を解決してきたところであるが，今後も処理終了遺物の状況観察や大型の未処理遺物の処理問題を抱えている。

6 さいごに

開陽丸の発掘調査も海底という特殊な条件下で試行錯誤をくり返しながらも，調査の方法，出土遺物の脱塩・保存処理など一定の成果をあげることができたと考えているし，これが，このあと続くであろう海底・湖底の調査の先駆的役割を果たすものと自負している。今後も多くの問題を抱えているが，残されたB地区を関係諸機関の協力と指導を得て完掘していきたい。とくにB地区調査の最大の課題となっている大型の船体の一部（23m×18m）をはじめとする木製遺物に対するフナクイ虫，キクイ虫の虫害対策に全力を挙げ，その生態を把握し，貴重な遺物が海底において朽ちることのないよう万全の体制を確立したい。

また，出土遺物やオランダをはじめとする外国や日本国内で収集した開陽丸や戊辰戦争，箱館戦争に関する資料の有効な活用を計ることのできる施設の問題を早急に具体化していきたい。

肥前磁器の流れ

佐賀県立九州陶磁文化館
大橋康二
（おおはし・こうじ）

肥前磁器は17世紀に始まるが，明末の動乱による海外輸出，そ
の後の清朝磁器の輸出復活による国内用雑器の生産と変化する

1 肥前磁器焼成の開始—17世紀前半

肥前磁器の焼成は，秀吉の朝鮮出兵（1592年〜97年）の際に連れ帰られた朝鮮の陶工たちによって，有田周辺で始まる。

初期の磁器は，すでに中世末に始まっていた唐津陶器窯で併焼され，小皿の場合，耐火砂を団子状に固めた砂目を3〜4個挟んで重ね積み焼成することが行なわれた。この朝鮮的な窯詰方法は唐津陶器皿も同様に用いたが，これらは1630年代には消える。この砂目積の磁器を焼成した窯としては天神森窯，小溝窯，清六ノ辻窯，山辺田窯（以上有田町），原明窯，迎ノ原窯（以上西有田町）などがある。

有田周辺で唐津陶器とともに生産が急速に進展した肥前磁器は，1637年（寛永14）の伊万里・有田地方の窯場の整理・統合事件を境に，有田中心の地域に窯が集中し磁器生産主体となる。この事件もしくはそれ以前に廃窯となったと思われる窯は原明窯，迎ノ原窯，清六ノ辻窯，天神森窯，小溝窯，小物成窯（有田町）など，有田町西部から西有田町にかけての窯場が多い。これらの窯場はいずれも砂目積の唐津灰釉溝縁皿を多量に焼成した窯であった。この事件以降，藩の介入姿勢が強まり，そのごの運上銀（雑税の一種）の急増は生産量の上昇があったことを想像させる。

中世を通じて中国に青磁・白磁や青花磁器を求めてきたわが国であるが，中国・明朝の衰退にともない，17世紀に入ると1640年代ごろを境に磁器輸入が激減したものと思われる。そのため，磁器の需要は肥前に向けられ，肥前磁器窯業界もこれに応じて生産量をのばし，全国市場を席捲する。1640年代ごろからの肥前磁器は全国的に出土しているし，江戸の将軍家光も1651年（慶安4）に「今利（伊万里）新陶の茶碗皿」（『徳川実紀』）を見ている。

生産量の上昇を示す現象は消費地における出土量ばかりではない。生産量と密接な関わりのある

窯の規模（ここでは窯の幅）が拡大したことを指摘できる。1637年以前とみられる窯の焼成室平均幅は2m代が普通であったが，1640年〜50年代ごろの窯のそれは3m代となる。

また製品のうち，碗に高台無釉のものが増える。1637年以前とみられる窯の磁器製品は特殊品を除き，全面に施釉し砂目積とするか，もしくは高台内に施釉し，高台畳付部分のみ釉を剝いだ。それが百間窯（山内町），山辺田1号窯，天狗谷A・D窯，小樽2号旧窯（以上有田町）などの窯では天目形で外面に青磁もしくは天目釉を施し，内面に透明釉を掛けた碗や高台無釉の染付碗が多くみられる。これら高台無釉の碗の主な年代は1640年〜50年代とみられ，この時期の有田周辺の窯のほとんどが焼造している。高台を無釉にすることは施釉するよりもコストを下げることができるし，運上銀の増加と増産の状況に合致したのであろう。

皿の特徴をまとめてみると，

a．1630年代までは口径に占める高台径の割合が1/2.7程度と小さいが，1640年〜50年代には1/2〜1/1.8位の比較的大きい高台径のものが現われる。ただしこれは皿山全体で一様に進んだのではないし，雑器窯においてはのちまで小さい高台径の皿が作られている。

b．高台を畳付の幅が広いいわゆる蛇ノ目高台に作るものが1640年〜50年代ごろに多い。

c．口縁部に鉄銹を塗ったいわゆる口紅装飾は1640年代から多くなる。

d．底裏銘を染付する風は，方形枠内に「福」字と「太明」は1630年代ごろに始まり17世紀後半まで続いたらしいが，1640年〜50年代には「大明成化年製」，「大明成」や方形枠内に䑩などの変形字を記したものが多くなる。これらは中国磁器を手本とした結果であろう。

この時期の徳利の特徴は，底部を抉り込んだ形のものが一般的であり，17世紀後半になると底部は高台作りとなる。

75

17世紀前半における製品の種類は染付を中心に白磁，青磁，鉄釉〔天目釉，銹釉，黄釉〕，瑠璃釉がある。この種類はおおむね江戸時代を通じてみられるが，鉄釉を主体としたものは18世紀以降少ない。また染付の呉須の替りに辰砂を使ったものが17世紀中葉以前に見られる。

上絵付技法すなわち赤絵（色絵）は，「柿右衛門文書」により1647年（正保4）6月には色絵磁器を長崎に持参して売ったことから，この年までに色絵磁器の焼成に成功したとみられている。上絵付は，本焼した素地に赤・緑・黄などの色絵具で施文し，低温で焼付けるため焼損じることが少なく，窯跡で出土することは稀である。しかし窯跡からは，色絵の素地もしくは色絵の素地になりうる白磁が出土する。それらについてみると，窯跡でも1640年代以降の白磁皿の出土量が増えるし，色絵素地の出土例も散見されるようになる。しかし本格的な焼造は1650年代以降のようであり，消費地遺跡の出土例も1640年〜50年代に属するものは少ない。

2 海外輸出の拡大—17世紀後半

明末・清初の動乱期に，中国・景徳鎮窯にかわる磁器を求めて，オランダ商社は日本に大量注文をしてきた。1659年（万治2）のことである。この大量輸出は，肥前窯業界を経済的に潤したばかりでなく，オランダが中国磁器のレベルを要求してきたことにより，技術進歩に拍車をかけることにもなった。

製品のみでなく，それを焼造する窯や窯詰めの道具にも革新の跡がみられ，この大量注文は肥前陶磁の歴史の中で，秀吉の朝鮮出兵に次ぐ大きな重みをもっている。

窯の規模は，1640年代〜50年代に焼成室の平均幅は3m代であったが，17世紀後半の窯とみられる地蔵平東A窯（佐世保市），不動山皿屋谷3号窯（嬉野町），清源下窯，御経石窯（以上伊万里市），柿右衛門B窯（有田町）のそれは4mから5m代と拡大している。

次に製品の特徴をまとめてみる。

17世紀後半における製品の特徴で第一にあげられるのは，皿を焼成する際に底裏にハリと呼ぶ小円錐状の支えを1個以上置く手法が普及したことである。ハリは磁器の胎土と同じ土で作り，焼成後に落しても熔着痕が残る。中国磁器にはこの熔着痕が見られないから，中国磁器を手本に高台径を広く器壁を薄く作ろうとした時，中国とは素地の材料が違う肥前磁器は焼成時に底が垂れるのを防ぐために考案されたものと思う。

17世紀後半の主要な窯では皿の高台径が大きくなるが，周辺の雑器窯では高台径が小さい皿も続いている。

第二の特徴は，青磁の場合高台径を大きく作るとともに高台内を蛇ノ目状に釉剥ぎし，そこに鉄を塗る方法が17世紀中ごろから始まる。この蛇ノ目に釉剥ぎした部分にチャツと呼ぶ深皿形の窯道具を当てて窯詰めする。この場合高台畳付には施釉する。

第三の特徴は，貼付高台の出現である。平面変形の皿などを作る場合，糸切細工と呼ぶ技法で型に当て本体を成形したあと，高台の型に合せて変形に高台を貼り付けるのである。17世紀前半ではロクロ回転成形による平面円形の高台作りであったが，ダンバギリ窯（山内町）の段階からこの貼付高台が見られ，長吉谷窯（有田町）では多種多様の変形皿を作っている。貼付高台による「承応弐蔵」（1653年）銘の角皿などが伝存しているから1650年代ごろには始まっていると推測している。貼付高台は小皿に多い。

装飾法では墨弾き技法の始まりが注目される。17世紀前半では呉須で塗りつぶした中に白い線文様を表わす場合は，呉須で塗ったあとに釘彫で呉須を掻き取るのだが，それを逆に白線文の部分を先に墨で描き，その上を呉須で塗りつぶす（"濃み"という）。焼くと墨の線のみ焼き飛んで白い線が現われる。墨弾き技法は筆で描くので線は滑らかで細密な装飾が可能になった。

17世紀後半は高台内に施す染付銘の種類が豊富な時期である。前代からの方形枠内に「福」字や「太明」，「太明成」，「大明成化年製」に加えて，「寿」，「会」，「青」，一重円圏内に「讐」字と呼ばれる変形字を記したもの，「製」，「宣徳年製」，「宣徳」，「宣」，「大明嘉靖年製」，「化年製」，「大明年製」，「宣明年製」，「宣明」などがある。これらの底裏銘のうち「大明成化年製」，「大明嘉靖年製」，「大明年製」は18世紀に入っても引き続き用いられるが，そのほかの銘款の多くは見られなくなる。

17世紀後半の碗のもっとも一般的に焼かれたものとして染付雲龍見込荒磯文碗と染付網目文碗を

あげることができる。前者は主として東南アジアにかけての南方へ多く輸出されたらしい。17世紀後半に肥前地区で17ヵ所以上の焼成窯があり、大量に焼造された割に、国内での出土例は関西や東京でも散見する程度である。

いっぽう染付網目文碗は、1666年（寛文6）の大洪水で壊滅した島根県富田川河床遺跡のもっとも新しい土層から出土するなど、1650年～60年代には盛んに作られ17世紀末まで続くが、18世紀に入ると網目文を二重線で表わしたものが主体となっていく。この二重の網目文は「割り筆」で一気に二重線を描く新しい手法をとる。

17世紀後半に南方向けに焼造された染付見込荒磯文碗・鉢も1690年代ごろには消えていく。これにかわる南方向け製品は今のところ見出せない。おそらくは清朝の鎖国とも言える遷界令が1684年に解かれ、中国磁器が再び輸出されるようになり、南方市場を中国に奪回されたためではないかと想像している。とするならば肥前窯業界に大きな打撃を与えたに違いない。

3 国内市場への浸透—1690年代～1780年代

元禄ごろ頂点に達した肥前磁器生産は18世紀に入ると中国・清朝磁器の輸出復活により海外輸出は頭打ちとなる。この局面を打開するため、雑器生産窯はいわゆるくらわんか手と呼ぶ国内向け日常雑器を量産して国内市場の開拓に努力する。その結果、江戸時代でもっとも広く肥前磁器が浸透することになった。くらわんか手碗・皿は全国いたるところで出土している。

くらわんか手碗・皿の装飾は略された梅樹文を描いたり（図1）、コンニャク判（図2）と呼ぶ印版法によって生産コストを引き下げ、安価な商品を焼造したものとみられる。

いわゆるコンニャク判は18世紀前半を中心に流行した装飾法であるが、この技法は印刷法の一種というだけで、どのようにして施文するのか詳細は不明である。18世紀前半には有田内山においても皿などの内面に手描き文様と併用したものが多い。この技法について有田皿山と周辺の雑器窯との使用の先後関係は明確ではないが、それほどの差なく普及したものと思われる。

樋口窯（有田町）物原や江永窯（佐世保市）物原では染付見込荒磯文碗に続く新しい土層からいわゆるコンニャク判の製品が出土。また長与窯（長

崎県長与町）は1712年（正徳2）波佐見より陶工が移って開窯したと伝えられるが、この長与窯物原の下層の主力製品がいわゆるコンニャク判の碗であり、上層になるといわゆる広東形碗（高高台碗ともいう）が主になると報告されている。

いわゆるコンニャク判による装飾が盛んであった18世紀前半にはもう一つの印刷手法が行なわれた。それは型紙摺（図3）であり、角皿などに小紋を染付したものが多く、有田内山の稗古場窯や猿川窯などで焼かれた。型紙摺は雑器碗などに使われた例は見られず、いわゆるコンニャク判ほどの普及は認められない。使用年代もいわゆるコンニャク判より短く、18世紀中葉には終わったとみられる。もちろん明治10年代ごろに始まる型紙摺との直接的関係はない。

この時期の特徴は以上の印刷装飾法のほかに、

a．高台内中央部を円く削り込み、その周囲の釉を蛇ノ目状に剝いだ作りの深皿・鉢類が現われる。

b．見込中央に五弁花と呼ぶ小花文を染付したものが流行する。この文様はいわゆるコンニャク判で施文する場合もある。

c．底裏銘は「大明年製」と「福」字を崩したいわゆる "渦福" 字銘がもっとも多用される。両者とも17世紀後半から現われる。皿では「大明成化年製」が前代より引き続き多いほか、「大明嘉靖年製」、「成化年製」、「富貴長春」があり、新たに清朝磁器の影響で「奇玉宝鼎之珍」などの銘もある。

17世紀に急速な進歩を遂げた肥前磁器が登りつめた最高点に位置するのが鍋島藩窯である。伊万里市大川内に設置された時期は1675年（延宝3）といわれるが、この鍋島藩窯は高い高台の木盃形と呼ぶ独得の形の皿を中心に向付類などを焼く。藩窯製品はおもに販売品ではなく、藩の用品、将軍への献上品や大名などへの贈答品として作られたので、一般の消費地遺跡で出土する例はない。出土例は現在、佐賀県を除くと、京都・東京の公家・大名屋敷のみである。

4 磁器窯の分散—1780年代～幕末

1780年代以降幕末にかけては清朝磁器の影響が強まる。碗は、新たに「広東形」と呼ぶ碗（図4）が一般的になる。高台が高いことなど前代までになかった新しい器形であり、清朝磁器の影響とみ

図1 染付雪輪梅文碗
旧芝離宮庭園遺跡　旧芝離宮庭園調査団蔵
口径 12.3cm　高さ 6.4cm（1700〜1780年代）

図2 染付菊文（印判）碗
奈良奉行所跡　奈良女子大学蔵
口径 10.0cm　高さ 5.5cm（1690〜1750年代）

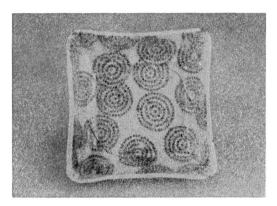

図3 染付同心円文（型紙摺）小皿
旧芝離宮庭園遺跡　旧芝離宮庭園調査団蔵
口径 7.5×7.5cm　高さ 2.3cm（18世紀前半）

図4 染付寿字文蓋付碗
旧芝離宮庭園遺跡　旧芝離宮庭園調査団蔵
口径 11.5cm　高さ 6.1cm（1780〜1790年代）

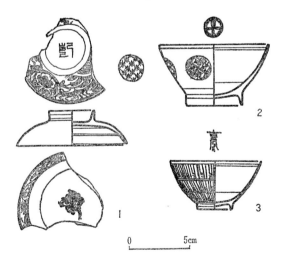

図5 小樽2号新窯（有田町）の製品（1は碗の蓋）
（佐賀県立九州陶磁文化館「国内出土の肥前陶磁」より）

て間違いない。広東（碗）の呼称も中国陶磁の重要な輸出港広東にちなんだものであろう。この碗

形の始まりは1780年代ごろと推測されるが，1811年から幕末にかけて操業した小樽2号新窯（有田町）や1813年から1820年代の短期間操業した大山新窯（多久市）でこの形態の碗が多数焼造されているから，19世紀前半の主要な碗形とみられる（図5—2）。

19世紀の底裏銘としては，清朝年号である「乾隆」の「乾」字の篆書体（図5—1）や「玩」字などがある。新しい装飾としては，清朝の影響で濃みを使わない線描きだけの染付で従来なかった文様を描いたもの（図4）が現われる。

この時期はそれまでほとんど九州に集中していた磁器窯が，九州外に分散する。陶工の移動もあって，出土品の産地判定は難しくなる。また，中国に依存していた「絵薬」の輸入が途絶えがちになるなど，肥前磁器生産は苦しい時代を迎えることになった。

特集 ● 江戸時代を掘る

江戸時代人の骨

聖マリアンナ医科大学教授 森本岩太郎
（もりもと・いわたろう）

江戸時代庶民は丸顔で鼻が低く，反っ歯，低身長という特徴をもっていたが，一部には細面という現代的形質をもつ人間もいた

ひとくちに江戸時代といっても，江戸時代は265年も続いているので，初期と末期とでは当然身体形質に差が生ずる。そのうえ，全国的な地域差の問題もあるし，都市と農村，庶民と上層階級間の相違などもあり得るので，当時の人々の形質を限られた出土人骨から簡単に言うことは極めて難しい。にもかかわらず，江戸時代人として他の時代から区別して呼ぶことのできるような身体的特徴をあげることができるかどうか，が問題であろう。

ここでは時代差・地域差などを念頭に置きながら，主として東日本の資料から得られる江戸時代人の形質の主要な特徴について述べ，加えてかれらの社会生活に関連する2，3の特殊な所見を自験例を中心に記してみたい。

1 庶民の顔

江戸時代中期の庶民の平均的顔だちを知るには，浮世絵に描かれている職人たちの顔を連想すればよい（池田次郎，1982[1]）という。それはさいづち頭（長頭型）で，顔の形は低顔型，鼻は広鼻型に属し，鼻根は幅広で隆起が弱く，反っ歯の程度が著しい，のである。葛飾北斎の描く庶民の顔は，寸の詰まった丸顔に，低くてしゃくれた幅の広い鼻と，反っ歯が特徴である（鈴木尚，1963[2]）ともいう。このような江戸時代庶民の大多数が示す特徴は，中世的な顔の形の名残をとどめているという点で，鈴木・池田両氏の見解は一致している。

それでは「さいづち頭」で「丸顔」という江戸時代中期人の特徴を，中世人や現代日本人と比べ

た場合，どのような結果が得られるであろうか。数年前，ほぼ全国的な規模で現代日本人頭蓋の研究班が組織され，全国各地の大学や研究所に収集されている現代日本人男女の頭蓋を，熟練した専門家が共通の方法により一斉に計測した結果，極めて信頼できる資料が集積された（現代日本人頭骨研究班，1981 & 1983[3]）。この資料から，頭の形をみるため男の頭蓋長幅示数を取り上げ，日本各地の値をプロットしたのが図1である。この図の中央にある多角形が現代日本人の地域による変異幅を示す。75を示す斜線から上方が短頭型で，近畿・大阪がここに入る。その他の地域は短頭寄りの中頭型に属する。

次に，時代的変化を見るために，図1に中世以降明治初年までの頭蓋長幅示数をプロットし，それらを年代順につなぐと，変化を示す折線ができる。資料としては鈴木尚ら（1956[4]，1958[5]，1957[6]，1962[7]）による関東地方出土の古人骨，森田茂ら（1960[8]）の東京湯島無縁坂，筆者の東京一橋高校を用いた。これによれば，鎌倉時代の材木座（14世紀）は長頭型に属して顕著な「さいづち頭」をもっていることがわかる。室町時代の丸の内（15～16世紀）以後，江戸時代の一橋高校（17世紀），湯島（17～18世紀），深川雲光院（18～19世紀），芝白金（19世紀）と次第に短頭化が進み，現代日本人の多角形に移行する状況が読み取れる。この図を見ると，江戸時代の「さいづち頭」は現代日本人の変異域外にあり，中世と現代との中間にあって，1つの時代的特徴を備えていると言える。大阪でも江戸時代後期の頭蓋が出土しているが，

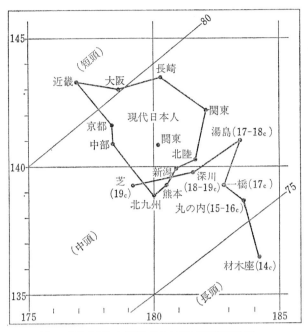

図1 歴史時代および現代日本人男性の頭蓋長幅示数

図2 歴史時代および現代日本人男性の上顎示数（コルマン）→

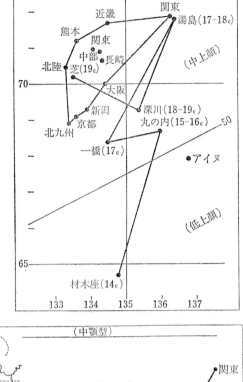

図3 日本人男性における歯槽側面角の時代的変化

江戸の町人に比べると頭蓋長幅示数はやや大きく，その東西における相違は現代日本人の場合に類似している。

次に「丸顔」の程度をみるために，コルマン上顎示数（下顎骨を外したときの顔の高さと頬骨弓幅の比）につき，頭蓋長幅示数の場合と同様にグラフを描くと図2のようになる。現代日本人はおよそ中程度の中上顎型に属し，比較的偏平な多角形内におさまっている。鎌倉時代の材木座は低上顎型で「丸顔」の度合いが著しいが，室町時代の丸の内になると中上顎型に変わり，以後一橋高，湯島，深川，芝と江戸時代を通じて少しずつ顔が細くなり，現代日本人につながっている。江戸時代人の「丸顔」は現代人の変異域外にあるので，「さいづち頭」と同様に，1つの時代的特徴であると言うことができる。

続いて「反っ歯（歯槽性突顎）」の程度の時代的変化を検討してみよう。図3の左上図のNo.2で表わされる歯槽側面角が小さいほど「反っ歯」の程度が強くなる。この角度の変化は中世以降江戸時代末まで著変はないが，明治以後は急にこの角度が大きくなって前歯が引っ込む。江戸時代人の「反っ歯」はかなり著しいものであったことがわかる。

このような「さいづち頭」で「丸顔」で「反っ歯」のいわば伝統的な古いタイプの顔に対し，喜多川歌麿の描いた浮世絵美人のような「顔が細長く，鼻もそれほど低くないし，反っ歯もひどくない」，言うなればすでに現代的な新しい顔をもった美人も少数ながら存在していた（鈴木尚，1963）ことと思われる。

2 上層階級の顔

1950年代以後になると，徳川将軍家や江戸時代諸大名の墓地の改葬のおりおりに，上層階級の遺体の調査が行なわれ，その身体形質が庶民のそれとはかけ離れたものであることが漸次明らかになってきた。その知見が最近鈴木尚 (1981[9]) により集大成されたので，本項は主としてこれによる。

江戸時代における貴族形質の最大の特徴は，顔が共通して細長い（超狭顔型）ということである。それに伴い，鼻が隆起して狭く，眼窩が大きく，上下の顎骨が退縮し，歯の咬耗が少ない，という特徴が見られる。これらの特徴は世代を重ねるほど強化されて表われる。さきに現代的な新しい顔をもつ歌麿美人のことに触れたが，貴族的特性はそれをさらに極端に押し進めて超現代化したものと言えよう。彼らは元来中世庶民の出身であるが，江戸時代になると将軍や大名たちの配偶者の選択範囲が上層階級間に限られ，またそしゃく器を激しく使用する習慣がほとんどない生活を送った結果，世代を重ねてこのような繊細な形質が生じたという。

3 身　長

関東地方出土人骨についてみると，古墳時代に比較的高かった身長が，鎌倉時代に入ると低くなり，江戸時代においては男はさらに背が低く江戸時代前期 155.1cm，後期 156.5cm となるが，女は鎌倉時代とほとんど変わらず 前期 143.0cm，後期 144.8cm（平本嘉助，1981[10]）である。したがって男女差は前期が 12.1cm，後期が 11.7cm となる。日本人の身長はこの時代を最低として，20世紀に入ると飛躍的に増大する。江戸時代の低身長は仏教の影響で肉食量が少なかったことによるかもしれないし，また強固な身分制度や移住制限などにより，配偶者の選択が不自由であったことが関与しているのかもしれない。

4 偏平大腿骨

大腿骨体上部が前後につぶれて横断示数（前後径×100/横径）が 85 以下を示す場合にこれを偏平大腿骨といい，示数が 75 以下になると超偏平型という。江戸時代人の大腿骨についてみると，一橋高校では男78，女73 前後の示数を示し，18世紀の湯島無縁坂（加藤守男，1960[11]）では男79，女

80の示数で，偏平性が認められる。この示数は中世の鎌倉材木座（香原志勢，1956[12]）では男77，女74であり，また現代日本人（高橋譲，1975[13]）では男女とも 82 である。偏平大腿骨はそもそも縄文時代人の特徴と目されるものであるが，それが中世に引き継がれ，江戸時代に入っても偏平度を減じつつも維持され，現代日本人（20世紀前半）に至っても完全に解消されないという，興味ある形質である。大腿骨体上部の偏平性は，骨体中央部のピラステルと同様に，折れ曲げようとする力（荷重）に抗する支えとしての働きがあると思われる。ピラステルが古墳時代以降消失してしまうのに対し，骨体上部の偏平性が近代まで残るのは，大腿骨に約120度の頸体角があることに加えて，小児の発育期に栄養不足があるためと筆者は考えている。

5 人口構成

江戸は徳川幕府により開かれ発展した都市で，開府とともに諸国から人々が集まってきた。一橋高校（17世紀）の出土人骨をみると，成人110体に対し小児（幼児～新生児を含む）210 体（65.6%）の割合である。江戸時代前半の江戸の町の小児の死亡率の高さがうかがわれる。成人の内訳は男75，女25，不詳 10で，男女比は約 3 対 1 である。

農村部ではどうであろうか。所沢市野竹遺跡と横浜市奈良地区受地だいやま遺跡の出土人骨合計79 体のうち小児は 21 体（26.6%）である。成人58 体の内訳は男28，女30体で，男女比は 1 対 1となり，男女数のバランスがとれている。男女58体のうち壮年期の個体が37 体（63.8%）を占め，現代人に比べて寿命の著しく短いことが知られる。

6 刀　創

江戸時代の武士は帯刀していたから，庶民の側にしばしば刀創が見られる。一橋高校では，左側頭部に脳膜に達する致命的刀創をもつ壮年期男性頭蓋があった。また，打ち首により絶命したと思われる壮年期男性頭蓋も発見されている。この男は切られるとき動いたとみえ，後頭部だけでも 4回も大刀を浴びている。頭蓋だけが単独で出土し，顔面部も下顎骨も付いていないので，打ち首された後，かなりの日数を経てからこの首だけを入手した者が，秘かに墓地に埋葬したと思われる。

7 骨梅毒症

前頭骨は骨梅毒症の好発部位で，後天性梅毒第2期に同部に骨膜炎を起こし，第3期にゴム腫をつくりやすい。一橋高校では男73，女42個の頭蓋のなかで，男4体に骨梅毒症が認められた。鈴木隆雄（1984[14]）によれば，江戸庶民の頭蓋923例中89例（9.6％）に骨梅毒症が認められ，これから逆算すると江戸町人の実に55％が梅毒に罹患していたことになるという。

8 奇妙な歯

横浜市奈良地区受地だいやま遺跡の墓址から出土した江戸時代人骨33体のうち，生前に2〜4本の下顎切歯の脱落したと思われるものが8体（男7，女1）あった。とくにそのうちの1体の壮年期男性は下顎切歯4本がすべて生前脱落しているのに，残りの歯に病的所見がなく，下顎切歯の脱落原因にいわくがあると思われた。いっぽう，同遺跡同時代の住居址から出土した別の壮年期男性では下顎左側切歯が生前に脱落しており，同時にもう1個体の下顎左側切歯が伴出し，一見奇妙に思われた。しかし，このような例は皆無ではなく，古墳時代ではあるが徳島県内谷組合石棺では男性人骨のほかに女性の上顎右中切歯1本が発見され，これは生き残った女が歯を抜いて死んだ男に納めたものと解された。また奈良県於古墳で3体の成人骨のほかに4人目の人物の上顎右第1小臼歯1本があり，これも服喪抜歯の疑いがある（池田次郎，1981[15]）という。抜歯の民俗例としては，九州の1，2の地方や広島県の水上生活者に抜歯風習が近代まで残っていた（金関丈夫ら，1962[16]および原三正，1981[17]）と言われる。

このようにみてくると，受地だいやまの住居址の男もかつて1度服喪抜歯をしたことがあり，自らの死に際して，また別人から服喪抜歯を受けたかもしれない，と考えることができよう。そう思えばこの遺跡の墓址に葬られた幾人かの下顎切歯の生前脱落も説明がつく。ただ，なにぶんにも事が江戸時代であるから，これらが直ちに服喪抜歯であると速断することは避けたい。今後は東日本の辺地の農山村（都市でないところ）に抜歯の風習が細々ながらでも近代まで継承されていたかどうかにつき，丹念に古人骨や民俗例を調べる必要があると考えている。

9 おわりに

江戸時代の骨をみると，当時の庶民は後頭部が出っ張り，丸顔で，鼻が低く，反っ歯で，低身長という身体的特徴をもっていたことがわかる。一部には細面で，そしゃく器の小さな現代的形質をもつ者があり，最上層階級ではこの現代性が極端に進んでいる。江戸時代庶民の社会生活をうかがわせる2，3の形質にも触れたが，今後は江戸や城下町などの都市から離れた辺地の農山村部の古人骨資料を丁寧に調べていく必要があると思われる。

引用文献

1) 池田次郎『日本人の起源』講談社，1982
2) 鈴木　尚『日本人の骨』岩波書店，1963
3) 現代日本人頭骨研究班編『現代日本人頭骨の地理的変異に関する総合調査報告』Ⅰ・Ⅱ，1981・1983
4) 鈴木　尚・林都志夫・田辺義一・佐倉　朔「頭骨の形質」日本人類学会編『鎌倉材木座発見の中世遺跡とその人骨』岩波書店，1956
5) 鈴木　尚・佐倉　朔・保志　宏「東京丸の内付近より発掘された中世末期の日本人頭骨について」日本人類民族連合大会第12回紀事，1958
6) 鈴木　尚・佐倉　朔・江原昭善「深川雲光院出土の江戸時代人頭骨について」日本人類民族連合大会第11回紀事，1957
7) 鈴木　尚・佐倉　朔・林都志夫・田辺義一・今井義量「東京都芝白金旧海軍墓地に埋葬された江戸末・明治初年の日本人頭骨」人類誌，70，1962
8) 森田　茂・河越逸行「湯島無縁坂出土の江戸時代頭蓋骨の人類学的研究」人類誌，67，1960
9) 鈴木　尚「江戸時代日本人における貴族形質の顕現」人類誌，93，1985
10) 平本嘉助「骨からみた日本人身長の移り変わり」考古学ジャーナル，197，1981
11) 加藤守男「江戸時代人大腿骨の人類学的研究」解剖誌，35，1960
12) 香原志勢「四肢骨特に大腿骨の形質」日本人類学会編『鎌倉材木座発見の中世遺跡とその人骨』岩波書店，1956
13) 高橋　譲「現代日本人大腿骨の人類学的研究（英文）」人類誌，83，1974
14) 鈴木隆雄「江戸時代人頭蓋における骨梅毒症の古病理学的疫学的研究（英文）」東大資料館紀要，23，1984
15) 池田次郎「日本の抜歯風習」人類学講座編纂委員会編『人類学講座』5，雄山閣出版，1981
16) 金関丈夫・小片丘彦「着色と変形を伴う弥生前期人の頭蓋」人類誌，69，1962
17) 原　三正『お歯黒の研究』人間の科学社，1981

●最近の発掘から

青銅器を多数副葬した弥生墳墓——福岡市吉武高木遺跡

下村　智　福岡市教育委員会

　福岡市教育委員会では，昭和56年度から西区大字飯盛・吉武地区の圃場整備事業に伴う埋蔵文化財の発掘調査を継続して行なっている。59年度は約28,000m²を調査し，弥生前期末～後期初頭の甕棺墓580基，中期の円形竪穴住居址，古墳22基，古墳時代の集落址，奈良・平安時代の寺院址，鍛冶炉など各時期，各種の遺構を検出している。吉武高木遺跡は，59年度調査区の一部に含まれ，調査区全体で4群に分かれて分布する墓地群のひとつにあたる。しかし，他の墓地群とは，個々の規模の大きさや切り合いなく整然と配置されていること，標石や成人棺にはほとんど副葬品を持っていることなどから，他と区別された墓地群を形成している。時期的には弥生前期末～中期初頭に属し，極めて重要な問題を内包している。

1　位置とこれまでの調査

　吉武高木遺跡は，福岡市の西方，西区大字吉武字高木に所在する。早良平野を北流する室見川の左岸，飯盛山から派生する低丘陵（扇状地）の標高23～25mの地点に位置する。

　吉武高木遺跡を含む吉武遺跡群の発掘調査は，圃場整備事業に伴って昭和56年度から行なっている。弥生時代に限って言えば，昭和56年度の1次調査では，弥生前期～中期初頭の竪穴住居址群と中期から後期にかけての竪穴住居址群，前期末の金海式甕棺墓67基を含む甕棺墓が3群200基以上出土している。金海式甕棺の1基には細形銅剣の切先が副葬されていた。住居址群の近くでは銅戈の鋳型も出土している。2次調査では弥生中期の竪穴住居址，甕棺墓2基が確認されている。3次調査の樋渡地区では，弥生中期～後期初頭の甕棺墓が3群140基出土し，そのうち小児棺を含む25基は径23～24m，高さ2m程度の墳丘の中に埋納されていた。成人棺は中期後半～末に属し，大型で東西か南北方向に整然と配置されている。成人棺のうち6基には，前漢鏡（重圏文星雲文鏡）1面，細形銅剣3振，十字形把頭飾1，鉄剣2口，素環頭太刀1振，素環頭刀子1振，無茎鉄鏃1などの青銅武器，鉄製武器，鏡鑑が副葬されていた。これらの甕棺墓は，他の甕棺墓とは様相を異にし，特別に区画された首長層の墳墓群と考えられる。吉武高木遺跡はこの地点から浅い谷をへだてて南へ約200m行った

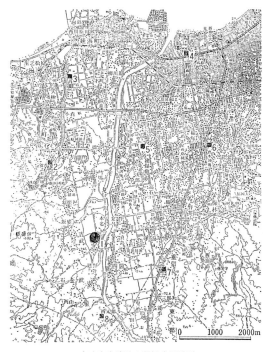

吉武高木遺跡と周辺主要遺跡
1：吉武高木遺跡　2：野方遺跡　3：下山門敷町遺跡（中細銅戈3）　4：藤崎遺跡　5：有田遺跡（細形銅戈1）　6：飯倉唐木遺跡（細形銅剣1）　7：重留遺跡　8：白塔遺跡（中広銅戈1）

所にあり，この首長墓よりさらに，時期的に遡る墳墓群である。

2　検出遺構

　59年度に検出した遺構は甕棺墓34基，木棺墓4基である。

　甕棺墓　甕棺墓34基のうち18基は小児棺で主に成人棺の東側に分布する。残り16基は成人棺で主軸をN-20°-E～N-45°-Eにとり規則的に配列されている。甕棺はすべて金海式甕棺でK-100号甕棺，K-111号甕棺，K-117号甕棺は超大型で1個体分の大きさは口径90cm前後，器高1m～1m10cm前後に達し，合口で1m80cm～2m近くになる。墓壙はK-110号甕棺が3m20cm×3m15cmの方形，K-117号甕棺が4m30cm×2m80cmで長方形となる。他の墓壙もすべて大型で，甕を埋置する部分はさらに掘り下げる。甕棺

83

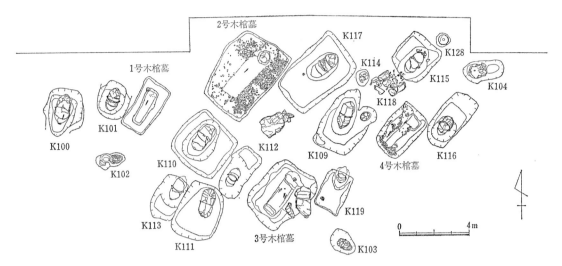

吉武高木遺跡遺構配置図

の傾斜角度は横穴を掘って挿入するものは大きく，水平に近く埋置するものは小さいが，時期的な差は認められない。K-110号甕棺には墓壙周辺に配石，K-117号甕棺には1m5cm×75cm，厚さ30cmの一枚石の標石がのる。成人棺のうち7基の甕棺墓に副葬品が認められる。

木棺墓　甕棺墓と同じ配列で4基の木棺墓が出土した。2号木棺墓は中心的な位置を占め，墓壙長4m80cm，幅3m30cm，木棺長2m50cm，幅1mを測る。木棺底面はU字形を呈しており，割竹形木棺と考えられる。墓壙内には，拳大から人頭大の亜角礫を敷きつめ，一見前期古墳の竪穴式石室を想起させる。1号木棺墓，4号木棺墓も割竹形木棺で，4号木棺墓は棺の周囲に礫を詰めている。3号木棺墓は両小口板を深く埋め込む組合式木棺で，青銅器の副葬品が5点もあった。2号，3号木棺墓には一枚石の標石，4号木棺墓には石組みの標石がのっていた。

3　出土遺物

甕棺墓および木棺墓から多数の青銅器類や玉類が出土している。K-100号，K-115号，K-116号甕棺墓からは細形銅剣がそれぞれ1口，K-117号甕棺墓からは長さ37.2cmの細形銅剣1，勾玉1，管玉42，ガラス小玉1が出土している。K-110号甕棺墓からは径7.3cmの断面蒲鉾形の銅釧2，勾玉1，管玉74が出土。その他，K-109号甕棺墓から管玉10，K-111号甕棺墓から管玉92がそれぞれ出土している。木棺墓はすべて副葬品をもっており，1号木棺墓から細形銅剣1，管玉20，2号木棺墓からは細形銅剣1，勾玉1，管玉135が出土している。3号木棺墓には径11.1cmの多鈕細文鏡1，細形銅剣2，細形銅矛1，細形銅戈1，勾玉1，管玉95が副葬され，他に例を見ない出土状況を呈している。多鈕細文鏡は円圏帯に8個の円文を配し，さらにその中を十字に割って細文を施す文様を持つ。また銅戈と銅矛には布が付着しており，鑑定の結果，和絹であると見られている。4号木棺墓からは，砥ぎ減りした長さ26cmの細形銅剣が1口出土している。その他，4基の木棺墓と5基の甕棺墓からそれぞれ棺外に副葬小壺が認められる。また，K-112号甕棺墓には副葬品は認められないが，下甕の胴部上半に疾駆する鹿の絵2頭を箆描きしているのが発見された。

4　まとめ

吉武高木遺跡では，甕棺墓，木棺墓が共に大型の墓壙，棺を持ち，北東位に切り合いなく整然と配列されている。上部施設には標石を置き，棺内には朝鮮半島色の強い古式青銅器を多数副葬する。これらの様相は他の墓地群からは明らかに突出しており，広い範囲を治める首長層の墳墓と考えられる。時期的には甕棺の形式および副葬小壺から弥生前期末から中期初頭に位置づけられる。この時期は『魏志』倭人伝にみえる日本の記述よりもさらに古く，吉武高木遺跡を含む地域は，『前漢書地理誌』にいう百余国の一国に相当するのかも知れない。弥生中期後半代には200m北側に所在する樋渡地区の墳丘をもつ首長墓があり，同一地域内で首長層の継起する様相が看て取れそうである。

なお，本年度も5次調査を継続しているが，それに先立って，吉武高木遺跡の北側隣接地の範囲確認調査を行なったところ，16基の甕棺墓を検出することができた。今後，資料整理を含め，細かい検討を行なっていくつもりである。

墳墓群全景
（南から）

弥生小国家の起源にせまる
福岡市吉武高木遺跡

吉武高木遺跡では、7基の成人用甕棺と4基の木棺墓から、青銅器類や玉類が多数出土した。いずれも大形の墓壙を持ち、北東位に整然と配列されている。弥生前期末から中期初頭にかけて、平野全体を治めた首長層の墓地ではなかろうか。『魏志』倭人伝の、記述以前の遺跡であり、弥生小国家形成の過程を検討する上で貴重な資料を提供した。

3号木棺墓

K115号甕棺

構成／下村　智
写真提供／福岡市教育委員会

多鈕細文鏡(径11.1cm)
と異形勾玉(長4.0cm)

福岡市吉武高木遺跡

甕棺墓・木棺墓には，日本で出土する古式青銅器のあらゆる種類のものが副葬されていた。

銅釧（径7.3cm）

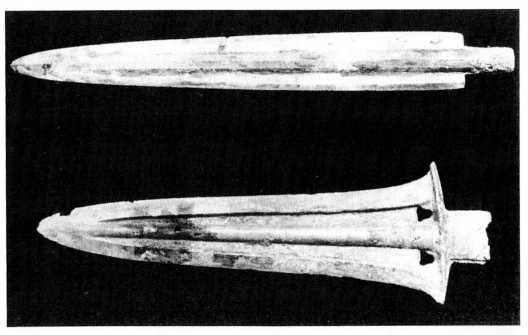

細形銅剣(30.2cm)
細形銅戈(27.1cm)

榊原家墓所（上空より）

近世の大名墓
館林市榊原康政の墓

構　成／岡屋英治
写真提供／館林市教育委員会

徳川氏創業の功臣で徳川四天王の一人と称せられた「榊原康政の墓」（群馬県指定史跡）は，群馬県館林市の善導寺境内にある。同墓は館林市教育委員会が昭和59年から60年にかけて，寺の移転に伴って調査したが，近世大名の葬送解明にはまだまだ不明な点が多い。

榊原家墓所正面

館林市榊原康政の墓

花房氏の墓基壇内土層状況

康勝の墓骨壺出土状態

康政の墓遺骨出土状態

康勝の墓出土骨壺（伊万里蓋付小壺）

墓域調査の状況

墓域内出土天目茶碗

墓域内出土陶磁器

●最近の発掘から──────────────────────

火葬骨を直葬した近世大名墓──群馬県榊原康政の墓

岡 屋 英 治 　館林市教育委員会

1 はじめに

　群馬県指定史跡「榊原康政の墓」は，群馬県館林市本町二丁目3番36号，善導寺境内に所在する近世初頭の大名墓である。

　墓は東武鉄道伊勢崎線「館林駅」の駅前，関東18檀林の1つである「終南山見生院善導寺」（浄土宗）の境内の西奥に位置しており，同寺の本堂と同様東を向いて立っている。

　墓域は，石柵と石塀で囲われた99.2m²である。榊原康政の墓[1]をはじめ，康政の長子横須賀城主大須賀忠政の墓[2]，榊原家二代康勝の墓[3]，康政側室花房氏の墓[4]，康政への殉死者南直道氏の墓[5]，その他石籠とともに墓所を構成している。

　墓域は，1953年（昭和28年）群馬県の近世初頭，とくに館林藩の成立過程を研究する上で欠くことのできないものとして，県の指定をうけている。

　今回の調査は，館林駅前広場整備計画に伴い，寺そのものが移転するため，墓も移設復元をめざして実施したものである。

2 調査の概要

　調査は，前述のとおり，史跡の移設復元をめざすことから，基本的データーの集蓄・記録の保存を図ることを目的として，次の方法で行なった。
　1）　現況の詳細図面の作成
　2）　解体に伴う建築技法の調査
　3）　解体後の主体部の発掘調査

　現状の詳細図面は，1984年5～6月，ステレオ写真撮影による写真測量により作成した。作成した図面は，墓域全体平面図，立面図，各石塔の四面展開図で，後の調査の基本図とした。技法調査は，1984年10～12月，主として墓石の観察，部材の計測，破損状況の確認などを通して，墓域の築造法について調査した。

　発掘調査は，1984年11月～1985年3月，主体部の確認，附帯施設の確認，副葬品などの有無に重点をおいて実施した。ここでは，技法調査の内容は，筆を改めることとして[6]，発掘調査の内容についてまとめてみたい。

3 発掘調査の内容

　発掘調査は，主体部の確認，附帯施設の確認，副葬品などの確認から大名の葬送について，調査することを目的とした。近世大名墓の発掘調査例は少ない。このため，大名墓の葬送や主体部の構造などについては充分明らかにされているとは言い難い。

　主体部の形態でみるならば，東京都三田・済海寺の牧野家の墓[7]，岡山市清泰院の池田家の墓[8]，仙台市瑞鳳殿などの伊達家の墓[9]のように，墓石などの下の比較的深い位置に石室を置く場合，大名墓ではないが，京都市伏見の三宝院宝篋印塔のように，基壇内に甕などを置く場合が報告されている。

　今回の場合，康政の墓，花房氏の墓の基壇高が，それぞれ76cm，48cmをはかり，忠政・康勝の墓についても35cm内外の高さを有していることから，基壇内部に主体部のある可能性があった。こうしたことから，調査は，基壇内部の調査と，墓域全体の調査に分けて行なった。

　基壇内部は，各塔の中心軸にそって半裁し，遺物・石・土層の記録を取りながら掘り下げた。各墓石（南氏墓を除く）の内部は，ロームおよび指頭大～拳大の玉石・割石で堅くたたきしめられていた。

　基壇内で主体部を確認したものは，康勝の墓のみで，基壇中央部に，火葬骨の入った伊万里の蓋付小壺を検出した。出土した小壺の大きさは，径7cm，高さ11.5cmの小型のもので，朱色の梅・笹などの絵付けがされている。基壇部解体後は，墓域全体を掘り下げた。

　墓域は，基本土層として表面下70cmでローム層があり，この上に黒色土（砂混り，粒子の荒いさらさらした土。墓域の外でも確認されており，自然堆積土と考えられる）が40cm，さらにこの上に，ローム，暗色土，玉石などを含む人工土（版築土のような状況を呈している）が30cmある。各墓石の下は，人工土が非常に強くたたきしめられ，版築土状を呈していた。

　基壇下で，遺体を確認できたのは，康政の墓，花房氏の墓であった。康政の遺体は，径70cm，深さ40cmの円形の土壙内で検出された。出土した位置は，基壇の中央前よりである。櫃などの痕跡は認められず火葬骨直葬の状態であった。周囲での灰や水銀などの検出はない。

　花房氏の遺体は，基壇下20cm，土壙などの掘り込みはなく，火葬骨の直葬である。出土の位置は，基壇中央後よりである。この2つの遺体は，出土状況からみて，

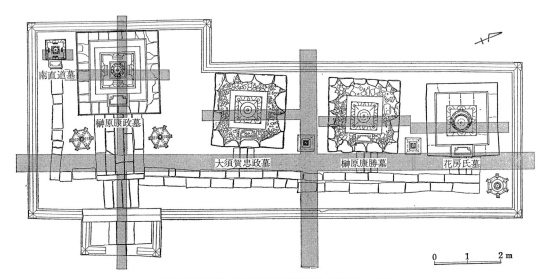

群馬県指定史跡・榊原康政の墓平面図およびトレンチ図

康政,花房の墓石に伴うものと考えられる。

忠政の墓,南氏の墓は,基壇内・基壇下ともに遺体の確認はなかった。また忠政の墓下からは,切り取られた立木の根[10],花房氏の墓下からは,寺の区画を表わすと考えられる溝[11]が確認されている。

4 おわりに

前述のとおり,大名墓の調査例は少なく,その葬送については,不明な点が多い。現状のなかでは大名の葬送について論議できないため,ここでは今回の調査を通しての問題点を上げておきたい。

遺骨の出土状態を考えてみるならば,それぞれの遺骨は,墓石に伴うものと考えられるが,大名墓として考えるなら,非常に粗末な埋葬方法である。

出土遺物を通してみるならば,康勝の墓出土の骨壺が,明暦,万治,寛文年間(1655〜1672年)に比定できる伊万里[12]であり,墓域内から出土している陶磁器類は,17世紀以後のものが多い。

(1) 康政の没年代は1606年(慶長11年),忠政は1607年(慶長12年),康勝は1615年(元和元年),花房氏は1653年(承応2年)であることから,出土遺物との時間差が見られること。

(2) 墓の形態が,五輪塔・宝篋印塔と2種類あること。

(3) 康政の墓に三十三回忌の1638年(寛永15年)「建立之焉」,百回忌の1705年(宝永2年)「修造之焉」の記録があること。

などが大きな問題点として上げられる。

現在,古文書などからの葬送・改葬の記録の追求,出土した骨の鑑定[13],陶磁器類の分析,忠政墓下の立木の時代測定,花房墓下の溝中の出土遺物の時代追求など,資料の分析中であり,また石塔の形態からみた時代性,石材の補給地などの追求を通して,その結果から総合的な判断を下していきたい。

各方面からのご教示をお願いする次第である。

註
1) 宝篋印塔,総高 546.4 cm
2) 五輪塔,総高 272.5 cm
3) 五輪塔,総高 273.5 cm
4) 宝篋印塔,総高 437.6 cm
5) 宝篋印塔,総高 193.7 cm
6) 解体工事,技法調査,発掘調査,復元工事の報告書は 1987 年 3 月刊行予定。
7) 鈴木公雄ほか『港区三田済海寺長岡藩主牧野家墓所発掘調査概報』東京都港区教育委員会,1983
8) 鎌木義昌ほか『池田忠雄墓所調査報告書』岡山市教育委員会,1964
9) 伊東信雄「大名の墓(江戸時代)」季刊考古学,9,1984
10) 忠政の墓基壇下にあり,径1mほどの立木を切りとり,上に人工土を造っている。根はそのまま土中に残されている。
11) 花房の基壇下,人工土の下で確認された。幅が1.5mほどあり墓域外に延びる。
12) 東京国立博物館東洋陶磁室・矢部良昭氏の鑑定によれば,その成作年代は 1671 年(寛文11年)以後には下らないという。
13) 聖マリアンナ医科大学教授・森本岩太郎氏によって鑑定中。

連載講座
古墳時代史
12. 対外関係

県立橿原考古学研究所研究部長
石野博信

倭と中国・朝鮮諸国との関係は、きわめて密接であった。それは、中国・朝鮮、とくに朝鮮諸国系の遺構・遺物が日本列島内各地から多量に検出されていることと、中国・朝鮮の史書・金石文などによって知ることができる。古墳時代の日本列島史は、まさに東アジアの国際政治の中で生きていたのであり、それなくして古墳時代史を語ることは難しい。そのような意味で、「古墳時代史」の要約として対外関係をとりあげ、終章としたい。

● 中国・朝鮮と倭[1] ●

239年、邪馬台国の女王卑弥呼は、魏に使を遣し、「親魏倭王」の称号を与えられた。これ以前から倭人は楽浪郡を介して前漢との定期的な交渉を行なっており（『漢書』地理志）、その後、57年には倭奴国王が後漢・光武帝に遣使して印綬をうけ、107年には倭国王師升等が生口多数を献上するなど、倭人の国際感覚は成長しつつあった。

「奴国王は倭（倭人）の諸国の中で皇帝よりはじめて一個の国および王として認められ、……中国を中心とする東アジアの国際的政治世界に倭人首長が初登場した」と言えるが、「その称号は倭人すべてを代表して中華に通じる唯一の君長としての『倭王』（倭国王）ではなかった」のである。

それに対し、卑弥呼が得た「親魏倭王」の爵号と金印紫綬は、「高句麗・韓など同じ東夷の首長に比肩して対中国外交に対処でき」るようになったことを示し、「また彼女が授けられた『五尺刀』『銅鏡』こそ魏帝と卑弥呼との間の国際的身分秩序を象徴し、それを国内に表示する、『倭王』＝首長位にふさわしい可視的物実であった」。

倭王が東アジアの政治秩序の中ではじめて認知された「239年」は、土器様式による相対年代で言えば纏向2式期（庄内1式期）の時間幅の中に相当するのであり、弥生社会とは異なる身分秩序が日本列島内に導入されたのである。「魏書」によれば、この頃、一大率や卑奴母離のような官がおかれ、邸閣が建てられ、租賦が行なわれるなど、国内体制も整備されつつあった。

この時の「銅鏡」が三角縁神獣鏡であるかどうかは明らかではないが、同鏡には少なくとも同型鏡の分有関係があることは事実である。「邸閣」がどのような建造物であるかも不明なことであるが、少なくとも弥生時代建物の主流である竪穴式ではなく、高床式の建物群であろう。やや時期は降るが、家形埴輪や「家屋文鏡」にみられる建物群がその候補となろう。その場合、赤堀茶臼山古墳の家形埴輪配置について中国に源流を求められている藤沢一夫氏の指摘[2]は示唆深い。

3世紀前半（纏向1式・2式期）には双方中円墳（岡山県楯築古墳）、四隅突出型方墳、前方後円墳（奈良県纏向石塚古墳、千葉県神門5号墳）などが築造されて、卑弥呼治世段階の各地の王墓の独自性を示す。この頃には、戦乱を象徴する高地性集落は近畿には構築されず、その東西両地域（北陸・山陰・山陽）に拡散する。住居形態もまた、北陸・山陰・山陽地方では弥生時代以来の円形住居が残存するが、その他の地域では方形住居に移る。上記3地域は、近畿に対して、地域の独自性をより強く主張した地域と考えられる。

3世紀後半（纏向3式期）には、奈良盆地東南部に箸墓古墳や西殿塚古墳など王の中の王である大王墓が築造され、以後、同地域に渋谷向山古墳（「崇神陵」）・行燈山古墳（「景行陵」）に至るまで累世的に大王墓が継続する。3世紀後半の箸墓古墳

91

や西殿塚古墳には，吉備系の特殊器台系埴輪が認められるが，4世紀前半の渋谷向山・行燈山両古墳には認められない。伝統的な葬送祭祀具はこの段階で払拭され，日本列島の各地に前方後円墳が築造されるようになった。初期ヤマト政権が列島内で一応の体制を整えた段階である。

4世紀後半の倭と朝鮮諸国の関係は緊迫した。広開土王碑文によれば，倭は391年に出兵し，百済・新羅を破り，高句麗と戦って敗れた，という。この頃の大王は，佐紀古墳群西群の五社神山古墳（「神功陵」），佐紀陵山古墳（「日葉酢媛陵」），佐紀石塚山古墳（「成務陵」）などの大型前方後円墳の被葬者であろう[3]。

これより前，朝鮮では高句麗・百済・新羅の三国が独立し，たがいにきそいあっていた。「330年ごろ，楽浪・帯方両郡を支配下に入れた高句麗が，……新羅・百済への攻勢を強め，後世，両国を『属民』として回顧するような歴史観（広開土王碑）を抱かしめる事実があった。……この高句麗との覇絆を断って百済が自立するのは370年前後のことである。すなわち369・371年の二度にわたって百済は高句麗に抗して平壌城を奪い，それを機に慰礼から漢山へ都を移した（『三国史記』）。ついで372年百済は対高句麗戦勝利の余勢をかって東晋へ入朝し，余句（近肖古王）は鎮東将軍・領楽浪太守の号を与えられ，宿願の中国王朝の冊封を受け（『晋書』），東アジア世界での国際的地位を得ることとなった。」

「石上神宮七支刀とその銘は4世紀後半における倭と百済の関係の成立を示す。……七支刀は中国系人物が百済王権に働きかけて，369年百済で作成された。それは上記の369〜371年の百済の対高句麗戦とも関係する。高句麗は新羅を従属させて百済と敵対し，したがって百済は新羅とも戦闘状態にあった（『日本書紀』神功49年条）。百済はその険しい国際環境下に倭との公的関係の成立を図り，ひいては倭との政治的・軍事的結合ないし戦勝を記念して作刀したのであり，やがて百済王世子である奇＝近仇首から倭王に贈られたものと思われる」。

「399年倭は百済と通じ，新羅城を襲ったので新羅は高句麗に訴えた。400年，なおも新羅城を占拠しつづけた倭を，高句麗の救援軍が退けた。当時，『任那加羅』あるいは『安羅人』の地には倭が駐留していた。404年倭は百済とともに『帯方界』に迫ったが，高句麗の水軍がこれを潰敗させ，407年にも高句麗が倭を大破した」。

以上，広開土王碑文を中心に，倭の動向について多くを引用したが，同碑文については現代の改ざん説を含めて多くの議論がなされている。いま仮りに，従来の読解がほぼ正しいとしても，同碑が功業碑であるため倭の侵攻を誇大に記している可能性についても注意すべきであることが指摘されている。ここでは，同碑文の史料批判とは別に，同時期の倭国内の動きを反映するとされている宗像・沖ノ島遺跡の動向[4]から考えてみたい。

● 沖ノ島祭祀と東アジア世界 ●

沖ノ島は古来，宗像大社の沖津宮が奉斎されている玄海灘に浮かぶ小島で，そこでは4世紀後半から9世紀に及ぶ祭祀が行なわれていることが調査によって明らかとなった。小田富士雄氏の整理によれば，祭祀形態は次のように変遷している。

第一段階——巨岩上における祭祀（16〜19・21号遺跡）

「巨岩上に方形の祭壇をきづき，中央に依代と思われる石塊を据えて磐座を構成し」たり（21号遺跡），「巨岩の南側基礎岩の上に21面の鏡鑑を重ね置き，積石でこれを覆うた状態」のもの（17号遺跡）などがある。「祭祀遺物の内容は漢魏代の舶載鏡およびその仿製鏡，碧玉製腕飾，鉄製の武器や工具，滑石製祭祀品（玉・剣形品・円板・釧）などから構成されていて，古墳における4世紀後半から5世紀代の副葬品の内容に通じるものがある」。

第二段階——岩陰における祭祀（4・6〜8・22号遺跡）

「沖ノ島祭祀の中ではもっとも多いタイプに属する。岩陰に遺物をそのまま並べ置くもの（7・8号遺跡），石組で祭壇の外郭を設け，その内側に土砂を敷いて祭壇を形成するもの（6・22号遺跡）」などがある。「この段階での祭祀遺物は仿製鏡，装身具，鉄製の武器や工具，馬具，土器（土師器・須恵器），金属製雛形祭祀品（刀・刀子・斧・鑿・儀鏡），滑石製祭祀品（玉・円板）などから構成されている。この段階では馬具，土器，雛形祭祀品が新たに登場してくる。とくに装身具中の黄金指輪，金銅製馬具，工具中の鋳造鉄斧など朝鮮半島古新羅時代古墳遺物と対比できる請来品が多くなり，実用に供されない金属製雛形祭祀品や滑石製祭祀品などがかなりの量を占めてくる。……これ

ら遺物の示すところはわが国後期古墳の副葬品と通ずる内容があり，5世紀半から6世紀代に比定できるであろう」（第三段階——7・8世紀，第四段階——8・9世紀の祭祀形態については省略）。

沖ノ島の祭祀遺物は，「その質と量において，4〜5世紀代における北九州各地の著名な古墳の副葬品をはるかに凌駕するものである点に，地方豪族の祖神祭祀の域をこえている」のであり，国家的祭祀と言われる所以がある。それでは，なぜこの時期に「国家」が玄海灘の小島で祭祀を執行しなければならなかったのか。

岡崎敬氏は，「『百済記』や百済製作の資料によると，4世紀後半に日本と半島南部の交渉が急激なたかまりをみせたことは否定できないだろう。17号遺跡を中心とする岩上の祭祀遺跡は，4世紀後半，百済との交渉の始まったこの時期に営まれたものではないか」（註4）ハ文献，318頁）とその背景を述べておられる。そして倭は，「朝鮮半島南部で生産された鉄材（鉄鋌）」や「高度の生産技術と技術者の獲得」のため「百済や新羅などの国々と事をかまえる」こととなった。そのために「古代宗像の漁民やその豪族『胸肩君』の協力を必要とした」ので「胸肩君のいつきまつる宗像大神は，新しい祭儀と奉献品をもってまつられるようになった」（同，472頁）のである。より積極的に言えば，沖ノ島遺跡の第一段階の祭祀は大和・佐紀古墳群の大王が主導した朝鮮出兵のための戦勝祈願を行なった場であった。

ほぼ同じ頃，大和の神体山・三輪山には琴柱形石製品などが奉献され[5]，石上神宮域にも碧玉製品などがまつられる[6]など，沖ノ島祭祀が大和と表裏一体をなしていたのである。韓国慶州で出土が伝えられる石釧[7]は，このような動きの一つの証左であるかもしれない。

沖ノ島第二段階の祭祀は，まさに「倭の五王」の時代に相当する。「宋書」・「南斉書」・「梁書」によれば，421年の倭王讃から478年の倭王武に至るまで

倭王は歴年朝貢し，爵号を与えられている。421年の倭王讃の入朝は，同年頃に高句麗が新羅を臣従関係におき（中原高句麗碑），「新羅の領域内に高句麗の幢主＝軍事司令官が駐屯」するという「危機的な外圧のもと，百済の勧めによって倭の対宋外交が開始された」（註1），204頁）という。この後朝鮮三国の関係は変化したが，455年には「百済は再び高句麗との抗争へと突入し，親倭政策をとる。461年蓋鹵王が同母弟昆支を倭王のもとに遣わし（『日本書紀』雄略5年条百済新撰），派兵を求めた。……降って478年，倭王武はみずから開府儀同三司を仮り，その『余』すなわち臣下にもみな仮授した（『宋書』）。武にいたってもはや倭王は中国皇帝でなくみずからを根拠として，中央の畿内豪族層を結集し」えたのである（註1），206・211頁）。

この間，沖ノ島祭祀遺跡には「鉄製武器が急増」し，朝鮮系遺物が「主要な地位を占めてきた」（註4）ハb，262頁）。

この時期倭国には，多くの朝鮮系文物が導入されている。人々の来住を示すカマド付住居や横穴式石室をはじめとして，生活用具（陶質土器）・生産用具（U字形鋤先・鍬・トビロ式鎌・鋳造鉄斧）・

表16　朝鮮の中の倭系遺構・遺物

名　称	地　名	遺跡名	地域	時　期
前方後円墳	慶尚南道固城郡固城邑	松鶴洞1号墳	伽耶	
〃	全羅南道羅州郡藩南面	新村里6号墳	伽耶	
三角板鋲留短甲	慶尚南道咸陽郡水東面	上栢里古墳	伽耶	
眉庇付冑	伝釜山直轄市東莱区連山洞		〃	
筒形銅器	慶尚南道咸安郡		〃	
石釧	慶州市月城路		新羅	
子持勾玉	忠清南道扶余邑軍守里		百済	
〃	慶尚南道晋州市		伽耶	
〃	出土地不明			
百乳文鏡	慶尚北道慶州市	金鈴塚	新羅	
直弧文	慶尚南道咸安咸安	末伊山34号墳	伽耶	5C後半
〃	〃　昌寧郡昌寧	校洞89号墳	〃	5C末
〃	全羅南道羅州郡藩南面	大安里9号墳	〃	5C後半
滑石製有孔円板	慶尚南道金海郡金海邑	府院洞遺跡	伽耶	
土師器	〃	〃	〃	布留（新）式
〃	〃	〃	〃	九州弥生末・古墳前期カメ
〃	釜山直轄市	華明洞古墳群	〃	布留（新）式？

（参考文献）　西谷　正「加耶と北部九州」西日本新聞，1982. 4. 12〜14
伊藤玄三「朝鮮出土の直弧文資料について」法政史学，28，1976
佐田　茂「滑石製子持勾玉」『宗像沖ノ島』所収，1979
大竹弘之「金海府院洞遺跡出土の二，三の遺物」『考古学と古代史』所収，同志社大学，1982

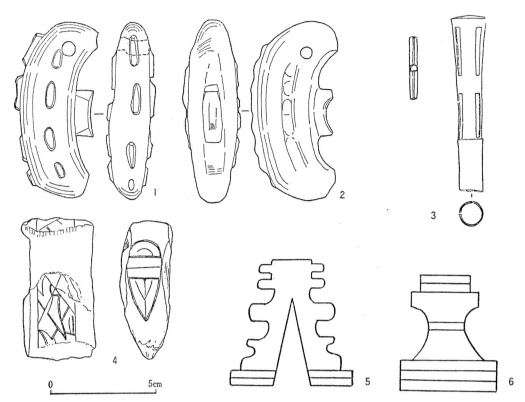

図 33 朝鮮出土の倭系遺物ほか
1：子持勾玉（忠清南道扶余邑軍守里） 2：子持勾玉（出土地不明） 3：筒形銅器（慶尚南道咸安郡） 4：直弧文（咸安） 5・6：琴柱形石製品（奈良県三輪山）

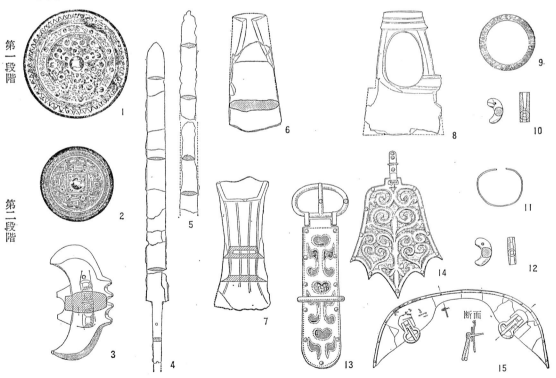

図 34 宗像・沖ノ島遺跡の祭祀遺物（註4）イ・ハより抄出）
1・2号 2・3・7・12：8号 4・11・13〜15：7号 5・9・10：16号 6：21号 8：不明

94

武器（衝角付冑・鋲留短甲・馬具）等々数多い。

他方，朝鮮南部における倭系文物も若干知られている（表16）。

慶尚南道松鶴洞1号墳や全羅南道新村里6号墳などが前方後円墳であればおそらくこの時期の所産であり，倭人の墓と考えざるを得ない。両道には，直弧文・筒形銅器・子持勾玉・滑石製有孔円板など，明らかに倭製と考えられるものが比較的多く，さきの文献の記載を傍証しているように思われる。

ただし，ここで注意すべきことは朝鮮内倭系文物を列挙したように倭内朝鮮系文物を挙げれば，まさに枚挙にいとまがないのであり，圧倒的な倭国の入超である。例えば，横穴式石室は倭国内のいたる所にあるのをはじめとして，陶質土器・U字形鋤先・馬具等々地図に地点をおとせば倭国内は朝鮮一色に塗りつぶされる。当時，倭国が政治・経済・文化の上で圧倒的に朝鮮三国の影響をうけていたことは明らかである。

朝鮮南部における若干の倭系文物が倭国の朝鮮出兵によって倭人がもたらしたものであったとしても，東アジア世界における朝鮮三国と倭国との全体の位置づけは動くことはない。

5世紀後半〜6世紀，倭王武の時期は，倭国内の支配組織を整備・充実した段階であり，6世紀における国内整備の先駆として位置づけることができる。「倭王が対外交通を媒体として継受しえた属僚制＝府官制的秩序による社会の位階構造化」を背景として，「大王に直属する畿内首長や渡来人有力者の王臣＝僚属化（のちの伴造的トモの氏など）と，その配下に統轄される専門性をもつ世襲的職能集団（のちの部）が層序的に編成される。つまり王権の下部機構が築かれるのであり，大王権力それ自体の専制化に向かう重要な画期である。……継体が531年（辛亥）没すると，その子安閑と欽明の二人が立ち，王権は分裂した。この期に固有の世襲的職能集団の中の，大王側近に奉仕する各地首長層による伴造的トモと部の前身形態のうち，軍事的部門が独立し，……ほぼ同時に他の諸部門もまた分化・拡大してトモ一ベ制へと転換した」（註1）文献，214・215頁）。このように，倭の統属体制の整備は，朝鮮諸国の制度をもとに準備され，日本的な形に整えられていったのである。

5・6世紀に日本列島にもたらされた多量の朝鮮系文物は，当然人々の来住をともなっていた。それは単に新しい技術，新しい文化を導入したというには留まらず，新しい政治組織を生み出すこととなった。さきに述べた5世紀の変革は，このような背景のもとに進められたのであり，推進者は倭王武に象徴しうるであろう。

政治組織の改革は，単に珍奇な宝物を下賜することによって従属の証にするといった生やさしいことではなく，法による国家体制の維持をめざした律令体制の先駆となるものであった。

中国を中心とする東アジアの統治体系の中に加わることによって，「倭」から「日本」への変革を進めた，ということができるのであろう。

●「古墳時代史」を終えるに当って●

12回，3年間続けた「古墳時代史」をようやく終了する。とても古墳時代史を描けたとは思えない。永い古墳時代研究史の中で扱われた主要なテーマで抜けているものが多いが，実は当初からこれらを綜括しようとは思わなかった。また，思ってもできなかっただろう。一貫して古墳史ではなく，古墳時代史を語ろう，と考えた。できるだけ古墳に触れず，住居・集落・祭祀・生産などの日常生活から綴りたかった。

しかし，当然のことながら古墳時代を象徴する記念物は古墳であり，古墳をはずすことはできなかった。それでも結局，大王墓の消長については，触れることなく終わった。他にも，古墳と豪族や手工業生産についてはとりあげるべきであったと思う。

以下，古墳時代通史を要約して終章としたい。

弥生時代前期末に近畿地方に低墳丘をもつ方形区画墓が出現し，同中期には中国地方から関東地方にまで拡がった。日本列島における墳丘墓の出現である。この時期は，列島各地に農耕文化が定着した段階であり，墳丘墓出現の契機として水稲農耕伝来の故地である中国・朝鮮の盛土墳をその背景として考えなければならないだろう。その場合，近畿勢力が北部九州勢力（方形区画墓をもたない）を介在させずに，中国・朝鮮と主体的な交渉を行なっていたことを推測することとなる。

このような趨勢の中で，従来弥生時代後期と認識されている土器の段階に関東以西の各地に一辺，あるいは直径40〜50mに及ぶ大型墓が出現する。大型墓の中には，円丘部の一方（奈良県纒向石

95

塚），あるいは双方（岡山県楯築）に張出部をもつものが現われ，前方後円墳への道を歩む。

この段階（庄内式期）には，近畿では高地性集落や環濠集落は消滅して，特定の屋地を溝や柵で囲む豪族屋敷の成立へと向かい（家形埴輪群や柵と楼閣をもつ邪馬台国女王・卑弥呼の居館），銅鐸・銅剣・銅鉾などを祭具とする祭祀も終熄する。現在調査が行なわれている島根県荒神谷遺跡で多量の銅剣の近くに製作時期が異なる銅鐸と銅鉾が一括埋納されているのは，出雲が強い地域色をもつ四隅突出型方形墳の出現段階における埋納と考えれば理解しやすい。そして，この時期には山陰系土器が関東から九州の間に拡散する。

古墳時代前期（纒向1式～5式期＝纒向1式・庄内式・布留1・2式期）に大和・磯城とその周辺に大型前方後円墳が成立・展開し，その後大和・佐紀，河内・古市，和泉・百舌鳥へと墓地を移動させながらも，伝承によれば大王の居館は大和に定着する。初期ヤマト政権の成立である。初期ヤマト政権は，前期前方後円墳の分布状況によれば，近畿以東と連携して以西と対峙したらしい。

古墳時代を通じての一つの変革期は，5世紀後半にあるように思われる。

5世紀に東アジアの統治秩序に加わった倭王は，国内の統治機構の整備を進めるとともに，大王居館の整備をはかったのではないかと思われる。その一つが奈良県脇本遺跡の推定 100×200 m の中の5世紀後半の建物群であろう[8]。居館の整備は，大王にとどまらず群馬県三ツ寺Ⅰ遺跡などに見られるように各地の王に及んだものと思われる。大王居館内の建物群が不明確な現段階では，居館がもった機能を推測することはできないが，おそらくその一部は，7世紀の宮殿と相関連するものがすでに存在したであろう。近い将来には，5・6世紀の統治機構を，各地の豪族の居館を比較検討することによってはたしうるようになるものと思われる。

国家祭祀が全国的に行なわれるようになったのもこの頃であろう。関川尚功氏が指摘しておられるように[9]，祭祀具の生産地が5世紀後半になると近畿に集中して大規模化し，各地に滑石製の臼玉・勾玉・剣・鏡などの統一的な祭祀具を使用した祭祀が行なわれる。前期にも鏡・刀剣・玉などの共通した品の古墳への副葬という現象は認められるが，5世紀にはこれらの品々を形代として祭

具の量産を行ない，大和三輪山禁足地や三重県草山遺跡の「祭壇」など特定の祭場を設けるようになる。

墓地の変質は，群集墳の形成として現われる。5世紀後半には初期群集墳とよばれる小型古墳の群集が認められる（奈良県新沢千塚ほか）。その多くは木棺直葬墓によってはじまり，6世紀中葉以降には横穴式石室を埋葬施設とするようになるが，いずれにせよ一墳多葬墳としては共通している。5世紀後半にはじまる統治機構の整備にともなう新興階層の成立と対応する現象と考えることができよう。

7世紀後半には特定階層を除いて古墳は消滅する。8・9世紀にもかつての古墳の埋葬施設と類似した形態の墓が存続する地域はあるが，すでに世の中は法治国家へと進んでおり，支配者は「法と秩序」だけを尊重すべく努力しはじめた。

註

1) 鈴木靖民「東アジア諸民族の国家形成と大和政権」『講座日本歴史1』東京大学出版会，1984

2) 野上丈助「埴輪生産をめぐる諸問題」考古学雑誌，61-3 に引用の復原案

3) 白石太一郎「畿内における大型古墳群の消長」考古学研究，61，1969

4)
イ 宗像神社復興期成会編『沖ノ島』1958
ロ 同『続沖ノ島』1973
ハ 岡崎 敬ほか『宗像沖ノ島』宗像大社復興期成会，1979
以下，とくに上記ハ文献所収の
a 岡崎 敬「宗像地域の展開と宗像大神」
b 小田富士雄「沖ノ島祭祀遺跡の時代とその祭祀形態」
によるところが多い。

5) 木内石亭『雲根志』巻 5，神代石 6，1773

6) 宮地直一・柴田常恵・大場磐雄『石上神宮宝物誌』大岡山書店，1929

7) 『統一日報』による

8) 萩原儀征・前園実知雄「奈良県桜井市脇本遺跡の調査」考古学ジャーナル，238，1984

9) 関川尚功「古墳時代における畿内の玉生産」『末永先生米寿記念献呈論文集』所収，同記念会，1985

書評

東京国立博物館編
那智経塚遺宝

東京美術
B4判 345頁
18,000円

熊野那智大社の飛滝神社参道に接する"沽池"付近より大量の仏教関係遺物が発見されたのは大正7年のことであった。その後，昭和5年そして同39年にも飛滝神社の境内より遺物の発見があって，大正7年発見遺物とともに識者間に注目されてきたところである。

一方，これら偶然の発見とは別に，昭和43・44年度に3回にわたり大場磐雄博士を中心として神社参道地域における発掘調査が実施され注目すべき成果が挙げられたのであった。

大正7年の発見遺物は，一括，帝室博物館に収められ，それについての研究報告が，石田茂作博士によって『那智発掘佛教遺物の研究』（帝室博物館学報，第5冊，昭和2年）として纏められ，広く学界に知られてきたところである。

石田博士によって那智大社に営まれた仏教関係遺跡の実態が明らかにされたが，それは経塚および密教の大壇関係遺物，仏像関係遺物をもとに形成されたものであった。とくに，後者の検討の結果，それが類例のない三昧耶形であることが判明したことより「所謂経塚の意味を拡充した大規模の経塚，又護法埋納塚とも称すべき性質のもの」であるとの見解が示されたのである。

以降，学界においては，一般的に那智経塚として経塚研究上に位置づけられてきたのであるが，那智経塚と因縁浅からざる東京国立博物館の関係者によって「熊野三山仏教美術の総合的調査研究」（文部省交付科学研究費補助金・一般研究A）が計画され，昭和58・59年度にわたって調査が実施された。その調査研究の一端として那智経塚出土遺物の総括的調査が行なわれた結果が，一書として纏められ刊行されたことは学界を益するところ大きなものがあろう。

『那智経塚遺宝』と題する大冊は，昭和60年3月に東京国立博物館次長を定年退官された三宅敏之氏の，あたかも石田博士の衣鉢を受け継ぐかのごとき構想のもと，同館考古課主任研究官・関秀夫氏が編集を担当されたものである。

那智経塚については，石田博士の前掲書をはじめ，大場博士の発掘概要（『那智経塚—その発掘と出土品—』昭和45年），さらに，『那智山瀧本金経門縁起』をめぐる一連の研究が知られているが，本書はそれらの成果に立脚した一書となっている。

原色図版8，単色図版166，挿図18，実測図30頁を有する本書は，三宅氏の「那智経塚概説」を巻頭に，「図版解説」「那智経塚出土遺物一覧表」，付載として『那智山瀧本金経門縁起』を収録している。

三宅氏の概説は，那智経塚研究の現段階を示したものであり，「発見の経過と出土品」「従来の主な研究調査」「まとめ（1遺跡について，2那智経塚の特色，3行誉とその埋経供養）」について記述されている。「発見の経過と出土品」は，大正7年，昭和5年，同39年の発見の経過と発見遺物，昭和39・40年の房跡発掘，昭和43・44年の発掘調査の結果の大略について触れる。ついで「従来の主な研究調査」において石田博士の前掲書をはじめ，矢島恭介・篠原四郎・神山登・蔵田蔵・巽三郎・木内武男・杉山洋の諸氏の論文を紹介するとともに大場博士などによる発掘成果の概要などについて要括される。以上の研究をもとに「まとめ」に入り，遺跡の「中心は沽池」地域であると考え，その地について江戸時代の那智山絵図，室町・桃山・江戸時代の那智参詣曼荼羅の検討を経て，江戸時代の「沽池」の場所は「金経門」「金経門鉄塔」の地点にあたり，この地こそ「古来参拝の対象となりうる場所」であることを指摘され，遺物の出土地と一致することを明快に結論づけられている。そして那智経塚の特色は，経塚と修法遺跡よりなるものであり，とくに『金経門縁起』に見える行誉などの納経供養の実際について触れ，経典と曼荼羅をともに埋納している稀有な例として把えられる，と主張されている。行誉による埋納経供養は，大治5年（1130）頃であり，事実この頃の経筒が20数点発見され，平安時代後期において経塚の造営地であったことを改めて指摘されたのである。

「図版解説」「出土遺物一覧表」は，端的に那智経塚の性質を示しており，付載された『那智山瀧本金経門縁起』ともども，経塚造営史上に稀有な那智経塚の全容を示すものであると言えよう。とくに，経筒などの残片にいたるまで，すべての資料を悉皆記録主義で本書が編まれていることは，編集を担当された関秀夫氏などの炯眼によるものであり，今後における経塚遺物研究の一つの方向を示したもの，と言えるであろう。

このような本書は，那智経塚の総括的研究書としては勿論のこと，経塚研究の基本的文献として学界に重きをなすことは疑いない。識者の繙読を期待する所似である。

（坂詰秀一）

書評

マイラ・シャクリー著
加藤晋平・松本美枝子訳

環境考古学 Ⅰ・Ⅱ

雄山閣
A5判 各210頁
各2,200円

今日の考古学の調査・研究において、自然遺物のもつ比重は従来と比べものにならないぐらい大きくなってきている。一つには、自然遺物の分析手段がいろいろと開発され、多くの視点からの遺跡の究明が可能になったこともあるが、他方、考古学の求めるもの、あるいは考古学に求められるものが、従来のものと異なり、"人間の生活はどうだったのか"というような人間に密接した問題に中心が移ってきたからである。したがって、報告書も自然遺物の占める割合が大きくなってきている。しかしながら、自然遺物を中心とした自然科学的な調査・分析が報告書の成果のなかに十分に生かされているかといえば、必ずしも十分ではないし、むしろ自然科学の成果は成果、人工遺物の分析は分析で、それぞれがいいっぱなしという傾向があるのは否めない。

今日では、その傾向はかなり改善されたかにみえるが、なお十分ではない。一つには調査・分析を依頼する考古学の立場がいま一つ何を求めるのかについてはっきりしていないし、自然科学者のほうでは、現時点における考古学研究上の問題点がどこにあるのかを絞りきれていないところにあろう。つまり、両者の意図をお互いに十分理解しあっていないところに最大の問題点があろう。

こうした現状にあるところで、本書が出版された意義は非常に大きなものがあろう。本書は『環境考古学』という題ではあるが、その内容は遺跡調査における広義の自然遺物採取・分析・研究入門書という内容になっている。考古学研究者が種々の自然科学的分析研究を理解するのに最適の入門書ということができよう。自序にもあるようにこの本を読んだだけで、これらの種々の方法に通暁できる訳ではない。どのような視点で自然科学の方法を利用することができるのか、あるいはその限界はなどということを理解でき、自然科学の研究者との協力体制をよりよく組みあげる知識を得ることができよう。

本書は12章からなっている。1. 堆積物と土壌, 2. 微細有機物, 3. シダ類とコケ類, 4. 花粉分析, 5. 木材と木炭, 6. 種子, 果実および堅果, 7. 軟体動物, 8. 昆虫類, 9. 寄生生物, 10. 動物骨, 11. 魚類遺体（および海生哺乳類）, 12. 鳥類からなっている。きわめて多岐にわたる内容がもりこまれている。今日の発掘調査から得られ、分析されている自然遺物のほとんどすべてがもりこまれているといってもよい。

各章は小序、野外調査と試料採取、分析・同定・処理、考古学への応用例・事例研究などからなっている。それぞれの章は多岐な内容なりにそれぞれ若干の差異をもっている。これは方法論、分析論などの差異にもよるが、それぞれの方法の考古学への応用例の伝統の差に起因することが多いように思われる。たとえば、10, 11, 12の動物遺存体の場合には、先史考古学の調査開始以来、すでに150年余の伝統があるのに対し、わずか10年そこそこの伝統しかないものもある。

小序では、それぞれの章で取り扱われるものの分析・同定・研究の原理が述べられ、それぞれがもつ方法論とそれがどのように考古学に利用されているかについて概述されている。野外調査と試料採取では、野外調査でそれぞれの専門家が常に考古学の調査現場にはいないことが常であり、どのような点に留意して、野外で記録すべきかあるいは野外で記録しなければならない事項および試料採取上の細かい注意が記されている。とくに近年盛んになってきている土を種々の方法で篩う手段に数々のものがあり、その特質について詳細に述べられている。さらにより小さな土壌、微細有機体、花粉などのサンプリングの方法についても触れられている。遺跡の土を篩うのもそれをすべて篩った場合の労力と時間の問題をとりあげているのは興味深い。どこまでやるのかという問題はそれによって得られる結果、問題の設定のあり方と深く関わってこよう。

分析・同定・処理では、それぞれの方法の実態・問題点がかなり詳しく述べられているが、これらの方法にいきなりとりくめるかといえば、それは無理な話である。考古学への応用では、実例があげられてはいるが十分ではない。これらの全内容を通して、参考文献は豊富にあげられている。自然遺物文献解題という趣すらある。より深くこれらの方法を学び、追求しようとする人にはきわめて便利な本ということができよう。

訳文は必ずしも十分にこなれているとはいえないが、学際的分野の著作にあっては逐語訳の翻訳がより真意が伝わろう。ただアフリカ、西アジアを中心にした地域の地名・遺跡名で通常使用されているカタカナ書きと異なったものが散見されるのは気になるところである。

自然遺物の入門書として一読をすすめたい。よりよい人間生活を復原するために！　　　（藤本　強）

論文展望

選定委員（敬称略・五十音順）
石野博信
岩崎卓也
坂詰秀一
永峯光一

比田井民子

先土器時代終末期における複合石器文化

考古学雑誌　70 巻 3 号
p. 33〜p. 51

小論は主に関東地方の先土器時代終末期遺跡をとり上げ，従来の石器の形態研究を中心とした視点とは異なる視点で，この期の全体的な特異性を明確にしようとしたものである。分析は先土器時代研究において最も普遍的なものである層位関係，石器組成，石器個々の消長の関係を通じて行なわれた。

この結果，先土器時代終末期は従来の細石器文化，尖頭器文化の発達期として理解されるばかりでなく，先行する石器文化の流れの中にあって複合する多様化を示す時期として考えられるのである。

石器組成に基づく分類からは，この期は，長く継続してきたナイフ形石器文化の終りと共に，新しく細石器，尖頭器が加わり，それぞれが先行する文化の所産であるナイフ形石器と複合した石器組成の様相を示す転換期である事が明らかになる。こうした中で，細石器はその前段階に何の背景もなく出現し，短期間のうちに発達と消滅を遂げている。一方，尖頭器は従来の尖頭器文化という語に言われるような単純組成遺跡を代表するようなものではなく，ナイフ形石器や細石器などと複合した石器組成のもとに発達している。

これらの現象と共に先土器時代終末期は，石器の種類の多様化，それに伴う石器組成の多様化が見られる。以上を総合すると先土器時代から縄文時代へ移行する際の生活様式の大きな変革，自然環境の変化が暗示され，それには各地の土器，または土器との強い共伴関係を示す有茎尖頭器と細石器の伴出例，立川ローム層最上部の自然環境に大きな影響を与えたと思われる火山ガラスの存在がある。先土器時代終末期は次の段階である土器文化の芽ばえの中にあって特定石器の盛衰と組成の複合性を引き起こした画期的な時期として改めて理解される。（比田井民子）

鈴木保彦

縄文集落の衰退と配石遺構の出現

日本史の黎明
p. 75〜p. 97

中部・南関東地域の縄文集落の変遷を考えるひとつの方法として集落址数，住居址数，集落規模の実態などを土器型式別に把握する方法を採用した。その結果，当該地域の縄文集落は，隆盛期と沈滞期が数回ずつあり，決して平坦でも，徐々に発展したものでもないことが明らかになった。またこのような集落址数，住居址数などの増減と気候の変動とはほぼ一致していることから，縄文集落の浮沈は，環境の変化と密接なかかわりがあると考えられた。

一方配石遺構は中期後半以降，後期前半にかけて居住施設，墓，祭祀施設などの構築にかかわって顕在化する。配石遺構が流行するこの時代を集落の変遷からみると，その出現は，縄文集落の全盛期であった中期中葉以後の沈滞期に相当し，その展開は，後期前半の縄文集落最後の隆盛期に相当している。すなわち，配石遺構は縄文集落の隆盛期に出現したものではなく，大型集落が解体して，2，3軒の小型集落に分散せざるを得なかった，ある種の危機的状況の中から生まれ，その展開は，縄文集落が壊滅状態となる直前の後期前半に集中している。配石遺構の初源期のものは，中期後半以降にあらわれる屋内の小規模な配石による祭祀遺構であるが，この時代は大型集落の維持が困難となり，次々と没落・解体に向かう時期に相当しており，そうした危機感・焦燥感がこうした儀礼施設を生み出したと考えられるかも知れない。こうしたことが直接の動機となって中期末以降日常生活に密着した施設である住居や墓にも石を使用するようになり，敷石住居や配石墓が成立したのであろう。また気温が低下し，降水量が増加するなど悪化する一方の環境変化に対する不安感や緊張感は，環礫方形配石遺構を始めとする各種の組石遺構を構築し，種々の儀礼を発達させることで解消させようとしたと考えられよう。（鈴木保彦）

寺沢　薫

弥生時代舶載製品の東方流入

考古学と移住・移動
p. 181〜p. 210

北部九州における舶載製品の研究は早く，弥生時代の実年代研究，社会構造研究にも多くの成果をあげてきた。しかし，以東での流入状況となると対象にされることは少なく，あくまで北部九州資料との比較に終始し，東方資料独自による見解を提出するまでには至らなかった。小稿は論集のテーマに促されてこの点を整理し，その社会状況や交通関係，弥生時代の実年代といった問題にもせまろうとしたものである。

弥生時代，「東方」に流入した遺物には，中国鏡，朝鮮鏡，中国銭貨，漢式三翼鏃，鋳造鉄製品，素環頭鉄刀・刀子，銅泡などがあり，とりわけ貨泉は近年の調査で全国 16 遺跡 28 例以上出土のう

ち大阪湾沿岸地域で4遺跡8例を占めるという注目すべき状況を呈しつつある。これらの遺物の分布，年代を検討した結果，以下のように考えるにいたった。

(1)舶載遺物の「東方」流入が顕在化する第1の画期は中期後半（畿内第四様式併行期）の新しい段階以降であり，その主要経路は北部九州を経由しての瀬戸内海にあった。(2)第2の画期は庄内期の新たな交通関係の増幅に求められる。鏡など大量の舶載品の将来はここに初めて達成され，墓への副葬契機もまさにこの点に求められる。(3)おもに中国鏡や貨銭の年代観から畿内第五様式の開始（北九州後期2）実年代は西暦1世紀の第3四半期頃に，その終焉を少なくも西暦3世紀の第1四半期のなかで考えることができる。このことは私のいう畿内古墳時代の開始（纒向1式）を遅くとも3世紀の第2四半期に遡らせることとなる。(4)中期末～後期初頭における第1次東方流入の背景は高地性集落の分布に現象するように後漢王朝の冊封施策をバックとした北部九州社会の新たな権力関係醸成への対応に伴う交通関係の増幅によるものと考える。とくに第4点は，吉備製土器の搬入や影響といった事実も累積されつつあり，さらに検討を深めるべき注目すべき歴史的情況を呈している。　（寺沢　薫）

小笠原好彦

家形埴輪の配置と古墳時代豪族の居館

考古学研究　31巻4号

p. 13～p. 38

家形埴輪の配置は，古墳時代豪族の屋敷を示したものといわれるが，この配置は群馬県赤堀茶臼山古墳など，ごく一部のものが知られるにすぎない。この赤堀茶臼山古墳の配置も，近年では倉庫を後方に置く新たな見解がだされている。この稿では，数年前から古墳時代豪族の居館遺構の調査が進展

してきた現状を踏まえ，家形埴輪が古墳上にどのように配置され，どのような構造を示したものかを検討してみた。

まず赤堀茶臼山古墳からは，住居3，納屋1，切妻造倉庫3，四注造倉庫1の8個の家形埴輪が出土している。うち住居は主屋と脇屋に分かれ，これまで納屋とされてきた小形建物は，形状と位置からみて氏族の祖霊をまつる霊屋の性格が推測される。各家形埴輪は粘土帯貼付と沈線による細部の表現技法の差異によって，主屋，脇屋の群と倉庫，霊屋の群に二分される。これは配置にあたって前半部と後半部に二分し，左右対称に配置されたことを想定させる。前半部には，これらの主屋，脇屋のほかに，囲形埴輪が門と柵を表現したものとして，最前に置かれていたものと復原される。鳥取県長瀬高浜遺跡出土の5個体余の家形埴輪も同様の原理のもとに，前後に二分して製作され，配置されたものとみなされる。

つぎに群馬県白石稲荷山古墳，岡山県月の輪古墳の場合は，中心建物の主屋，後屋のいずれか一方と，複数からなる脇屋，倉庫を二分して製作し，対称に配置されている。その際，白石稲荷山古墳は粘土帯と沈線によって，月の輪古墳では文様によって二群に区別される。このような家形埴輪の組合せと配置からみると，これらは前半部に政治的空間，後半部に経済的空間を構成し，これを柵・塀で囲んだ形状を示したものとみなされる。これは古墳時代豪族の居館の構造を象徴的に示したものといえよう。とくに前半部配置は，後の宮殿中心部と類似しており，系譜が問題となる。　（小笠原好彦）

吉田恵二

日本古代陶硯の特質と系譜

國學院大學考古学資料館紀要　1輯

p. 54～p. 77

硯墨筆は古代中国が生み出した

文明の利器であり，極東諸国の文化の発展に多大の影響を及ぼしてきた。中国では殷墟出土甲骨片に墨書のあるものが発見されており，当時すでに硯墨筆のあった事は確実で，戦国時代には木簡・竹簡も存在するが，硯の遺存例としては秦代のものが最も古く，広範に普及するのは漢代以後である。

漢の硯は石製で，長方形あるいは不整円形の自然石を利用したものから円形に加工した円面硯へ変り，後漢には三本の脚がつく。南北朝にはこの形を受けた陶製三脚円面硯が作られ，脚数も増えて行く。この間硯面が平坦で海陸の区別のないものから，硯面中央部を高めて海陸を区別したものへと変化する。こうした変化を経て圏脚円面硯が隋代に出現する。この圏脚円面硯こそわが国の飛鳥時代から平安時代に至るまで長く作られた硯式であり，出現年代の一端は西安市東郊郭家灘棉四廠大業12年（616年）隋墓に求められる。

唐代になると獣脚円面硯が現われ，わが国ではこれを模して蹄脚円面硯が作られた。唐代には端渓や歙州石，洮河緑石などの名石を用いた石硯が流行し，風字硯が作られたが，これは次の五代を経て宋代には長方形硯に変化し，以後石硯の全盛期を迎える。わが国でも11世紀には陶製・石製の長方形硯に変ってしまう。

わが国の古代陶硯には無脚円面硯，有脚円面硯，圏脚円面硯，蹄脚円面硯，風字硯，動物形象硯さらには筆立付円面硯など様々な形式があるが祖形はほぼ中国にある。しかし，その流入経路には問題がある。わが国最古の陶硯は陶邑古窯址群発見の圏脚円面硯であり，隼上り瓦窯跡出土硯がこれに次ぐ。これら最古期の円面硯は極めて熟練された技術で作られている。かつ中国では例がなく，朝鮮土器に多い透し孔をもっており，これらを作ったのが半島渡来の工人であった可能性が高いと考えている。　（吉田恵二）

文献解題

岡本桂典編

◆考古学と移住・移動　同志社大学考古学シリーズⅡ　森浩一編　同志社大学考古学シリーズ刊行会刊　1985年3月　A5判　562頁

倭人の移住・移動の覚書―中国史書の記載を中心に―…森　浩一

中米古代の民族大移動…………大井邦明

山東省曲阜「魯国故城」の墓地…………杉本憲司

江蘇省連雲港市孔望山磨崖造像群について…………前園実知雄

中国およびその周辺地域における帯金具―北方系帯金具と鉸具の導入―…………志賀和子

ゴールドサンドウィッチグラスの玉・一例…………福島雅儀

唐三彩の成立とその周辺への影響…………小野木祐子

高句麗の馬具と馬装……千賀　久

高句麗の四耳壺（二）―新羅金冠塚出土四耳壺との比較から―…………緒方　泉

有溝牛角把手―韓式系土器についてのメモ―…………門田誠一

砂丘と人間…………小嶋芳孝

旧石器時代の石材移動をめぐって―国府文化期のサヌカイトを中心に―…………松藤和人

国府型ナイフ形石器と掻器…………麻柄一志

石津川流域における縄文時代晩期の二つの遺跡について…………北野俊明

弥生時代舶載製品の東方流入…………寺沢　薫

弧帯文の性格と分布……豊岡卓之

畿内周辺部における「朝鮮系無文土器」の新例…………田代　弘

移住した人々の住居……石野博信

無茎銅鏃の分布とその意味…………森井貞雄

スイジガイ製釧をめぐる一仮説…………石部正志

布留式における「型」の採用…………小山田宏一

大村湾をめぐる移動について…………片山巳貴子

丹後権現山古墳と四隅突出墓について…………久保哲正

奈良県宇陀地域における古墳時代初頭の文化変容………伊藤勇輔

大和出土の石釧・車輪石の類型と傾向…………今尾文昭

埴輪編年と技法伝播の問題…………坂　靖

須恵器生産系譜論の現状…………山田邦和

渡来系集団墓の一様相…寺沢知子

新沢126号墳と初現期の馬具…………中村潤子

線刻壁画研究とその課題…………佐古和枝

靫の形象表現から見た装飾古墳・横穴の展開…………三宮昌弘

大和榛原石石棺の系譜…楠元哲夫

山陽道における終末期の畿内型横穴式石室墳…………脇坂光彦

スキを立てるまつり……瀬川芳則

古代官衙と交通・交易…辰巳和弘

河内・向山瓦窯の瓦……江谷　寛

土師百井式軒丸瓦の分布とその意義…………清水真一

桶型内巻作り平瓦の一事例―千葉県市原市光善寺廃寺出土の凸面布目平瓦…………中井　公

11・12世紀における丹波地方の瓦生産…………里内知巳

中世信濃の東海系移入雑器―とくに片口捏鉢を中心に―…………鋤柄俊夫

奈良盆地における中世館跡と近世集落について…………藤田三郎

消費地遺跡出土の擂鉢…鈴木　信

京都出土の伊万里産「清水」銘陶器をめぐって…………鈴木重治

竪穴式住居と平地式住居の季節的選択の一例…………石川直章

◆歴史考古学の研究　坪井良平著　ビジネス教育出版社刊　1984年10月　A5判　555頁

梵鐘研究の権威である故坪井良平氏の著作論文集。石造物篇「山城木津惣墓墓標の研究」を含む他3編、金工品篇31編、「支那梵鐘年表稿」、「現存古鐘一覧表」より

なる。

◆南川2遺跡　北海道瀬棚町教育委員会刊　1985年3月　B5判　184頁

北海道の南西部、日本海に面する中央部瀬棚町を流れる後志利別川の川口近くの砂丘に位置する遺跡。検出された遺構は、住居跡1軒・ピット1基・焼土26ヵ所・近世墓10基である。出土遺物は続縄文～擦文時代の土器・石器、近世墓からは、副葬品として生活用具・狩猟採集具・武具・装身具が検出されている。これらの墓はアイヌの墓と考えられる。

◆熊穴洞穴遺跡発掘報告書　岩手県立博物館調査研究報告書　第1冊　岩手県立博物館刊　1985年3月　B5判　47頁

岩手県の南部、東磐井郡東山町を流れる砂鉄川の支流、猿沢川の左岸に位置する洞穴遺跡。大正13年に鈴木貞吉、同14年には小金井良精・大山柏らにより発掘され多くの人骨が検出されている。今回調査された地点は、鈴木貞吉が調査した部分をも含み、8体の人骨およびこれらに伴う大洞A'式土器・石器・貝輪・土製品、平安時代の土師器が検出されている。人骨は再埋葬されたものである。

◆万福寺板碑発掘調査報告書　鎌ヶ谷市史資料集11　千葉県鎌ヶ谷市教育委員会刊　1985年3月　B5判　192頁

千葉県鎌ヶ谷市中沢根郷万福寺（日蓮宗）境内に位置する遺跡。蔵骨器を伴う古代末～中世、近世・近代土坑墓20基を検出。出土遺物は火葬人骨54、板碑200基以上、蔵骨器17、古銭64枚、灯明皿19、宝篋印塔1基、五輪塔1基などが検出されている。板碑は題目板碑が主体をなし、当地に日蓮宗の教線が及んでいたことを示すものである。

◆大森貝塚　貝塚範囲確認調査報告書　品川区教育委員会刊　1985

年3月　B5判　50頁

日本考古学発祥の地、「大森貝塚碑」の周辺を含む地点の貝塚範囲確認調査報告。貝塚は碑の西部に南北10m、東西50mの範囲で（A貝塚）、また碑の北3mで幅1m（B貝塚）で確認されている。A貝塚は晩期安行式を、B貝塚は後期加曾利式を主体とし、B貝塚はモースの調査地点とほぼ同地点とされ、A貝塚は「裏手の貝塚」にあたる。遺構の一部・土器・動物遺存体などが検出されている。

◆篠原A遺跡　古代学協会刊 1984年3月　B5判　56頁

小林行雄氏により『史前学雑誌』第1巻第4・5号に戦前に紹介された遺跡の最初の本格的発掘調査報告。縄文時代中・後・晩期、弥生時代後期の包含層の複合遺跡。検出された遺構は、縄文時代中期・後期の土坑6基・住居跡1棟・礫溜1基・土器溜1基・晩期の自然河道、弥生時代の溝・住居跡状遺構である。縄文晩期では、サヌカイト製の石核・剥片・破片が検出されており、石器製作跡と考えられる。

◆百枝遺跡　C地区　昭和59年度大分県三重町百枝遺跡発掘調査報告書　三重町教育委員会刊 1985年3月　B5判　105頁

大分県南部、三重町を北流する大野川右岸の第3河段丘上に位置する後期旧石器時代の遺跡。ナイフ型石器を主体として他に尖頭器・削器などが出土しており、2基の集石遺構や歴史時代のピットも検出されている。

◆北海道考古学　第21輯　北海道考古学会 1985年3月　B5判　126頁

諏訪大明神画詞の食人記録とエミシ・エゾ・アイヌ人
………北構保男
火山灰を視点とする擦文式土器編年の一試案………根本直樹
彫器の形態分類について
………石川誠
魚骨文の新例について…大沼忠春
江別市旧豊平河畔遺跡出土の続縄文時代の遺物………北沢実

小樽市蘭島餅屋沢遺跡周辺の表採土器について
………大島秀俊・稲垣和幸
滝川市出土の土師器器台について
………渡辺俊一
北海道出土の須恵器地名表
………斉藤傑
札幌市旧琴似川沿い出土の資料
………佐藤和男

◆山形考古　第3巻第4号　山形考古学会 1985年3月　B5判　59頁

出羽南半の輸入陶磁器をめぐる研究素描………佐藤禎宏
山形県早坂台遺跡の片刃筬状石器
………秦昭繁
天神森古墳の調査………藤田宥宣
東漸寺廃寺跡考………川崎利夫
石刀の新資料―寒河江市柴橋蛇塚遺跡の出土例について―
………黒田富善・山口博之
天童市荒谷原周辺の遺跡をめぐる諸問題………村山正市

◆茨城県立歴史館報　第12号　茨城県立歴史館 1985年3月　B5判　118頁

門毛経塚遺物と中世陶器
………阿久津久

◆茨城県史研究　第54号　茨城県史編集委員会 1985年3月　A5判　79頁

茨城県南部・西部の中世金石文資料………千々和到・石村喜英

◆群馬県埋蔵文化財調査事業団研究紀要　第2号　群馬県埋蔵文化財事業団 1985年3月　B5判　78頁

群集墳研究の現状をめぐって―後期小古墳の成立とその背景についての新しい分析-
………鹿田雄三
群馬県における浮島式・興津式土器の研究（前）
………谷藤保彦・関根慎二
インドネシア先史時代墓制研究序説………坂井隆
ローム層中に見られる逆転層の存在とその意味について
………岩崎泰一
板碑に刻まれた紀年銘に関する一考察………新倉明彦

◆国立歴史民俗博物館研究報告

第5集　国立歴史民俗博物館 1985年3月　B5判　335頁

弥生時代畿内の親族構成
………春成秀爾

◆日本考古学研究所集報　Ⅶ　日本考古学研究所 1985年3月　B5判　75頁

有段式竪穴遺構に関する覚書―関東地方縄文中期における異系統の竪穴住居址―………中野秀一
房総弥生式土器の研究―研究編―
………弥生式土器研究グループ
印旛・手賀沼周辺における古墳時代後期の特異な甕形土器について………村山好文
房総地域における縄文時代後期中葉の文化
………縄文文化研究グループ

◆法政大学文学部紀要　第30号　法政大学文学部 1985年3月　A5判　387頁

直弧文の展開………伊藤玄三

◆史学研究集録　第10号　国学院大学日本史学専攻大学院会 1985年3月　A5判　146頁

鈴形銅器考………井上洋一
茨城県地方における方形周溝墓の出現とその性格………塩谷修
茨城県霞ヶ浦北西部における前方後円墳の変遷―埴輪を中心として―………稲村繁

◆国学院大学考古学資料館紀要　第1輯　国学院大学考古学資料館 1985年3月　B5判　94頁

テンネル式土器再考―釧路地方におけるテンネル式土器の動態―
………小西雅徳
藤塚式土器様式の研究―とくに佐渡長者ヶ平遺跡出土の土器を中心として―………池田晃一
日本古代陶硯の特質と系譜
………吉田恵二
天草における近世磁器窯の一研究
………池田栄史
銅鐸………池田恵二

◆物質文化　第44号　物質文化研究会 1985年2月　B5判　70頁

御代田式土器の再検討
………大竹憲治
古代東国における鉄製紡錘車の研究………滝澤亮
板碑の生産および流通について

………………倉田恵津子
平安期における小規模遺跡出現の
　意義………………橋口定志

◆立正大学人文科学研究所年報
別冊第5号　立正大学人文科学研
究所　1985年3月　B5判　60頁
因島における石造塔婆の調査
　………………坂詰秀一

◆東京都埋蔵文化財センター研究
論集Ⅲ　東京都埋蔵文化財センタ
ー　1985年3月　B5判　188頁
注口土器考一縄文時代中期終末期
　における様相一………丹野雅人
7世紀における多摩地方の土器様
　相一多摩ニュータウン地域の検
　討のために一………比田井克仁
古代末期土師器杯・小形甕にみら
　れる台状底部の出現とその背景
　………………鶴間正昭
斜面地における遺跡形成一多摩ニ
　ュータウンNo.407遺跡1号集
　石の分析例を中心として一
　………………佐藤宏之

◆考古学雑誌　第70巻第3号
日本考古学会　1985年3月　B5
判　152頁
長江下流域先史文化の日本列島へ
　の影響………安志敏
　　　　佐川正敏（訳・後記）
愛知県伊川津遺跡の調査
　………………伊川津遺跡調査団
先土器時代終末期における複合石
　器文化………比田井民子
ヨコヅチの考古民具的研究
　………………渡辺誠
弥生時代小形仿製鏡について（承
　前）………………高倉洋彰
日本古代遺跡より出土した炭化米
　の粒形と粒質について
　………………近藤日出男
佐賀県唐津市宇木汲田遺跡出土の
　銅鐸の「舌」について
　………………中島直幸

◆信濃　第37巻第2号　信濃史
学会　1985年2月　A5判　66
頁
富山平野の後期旧石器人
　………………奥村吉信

◆地方史静岡　第13号　地方史
静岡刊行会　1985年3月　A5判
105頁
伊場出土卜骨について

………………羽床正明
◆古代文化　第37巻第1号　古
代学協会　1985年1月　B5判
46頁
高句麗古墳に関する一試考（上）
　一中国集安県における発掘調査
　を中心にして一………緒方泉
静岡県三ケ日町殿畑遺跡出土の土
　器について（下）一条痕紋土器
　の研究一………佐藤由紀男

◆古代文化　第37巻第2号　1985
年2月　B5判　48頁
白岩藪ノ上遺跡の技術基盤
　………………奥村政彦
宇部台地における旧石器時代遺跡
　（3）一長桝遺跡第1地点　その
　（2）一
　………山口県旧石器文化研究会

◆古代文化　第37巻第3号　1985
年3月　B5判　48頁
高句麗古墳に関する一試考（下）
　一中国集安県における発掘調査
　を中心にして一………緒方泉
多久市福山遺跡発見の旧石器二題
　………………富永直樹

◆古代学研究　第107号　古代学
研究会　1985年3月　B5判　48
頁
摂河泉における古代の港と背後の
　交通路について………日下雅義
磨製石剣論争補論………角林文雄
昌原三東洞遺跡出土の小型鏡と銅
　鏃………………門田誠一
弥生時代の布2種についての調査
　一熊本県西弥護免遺跡および静
　岡市登呂遺跡の布について一
　………………布目順郎
但馬の長持形石棺
　………………但馬考古学会
袋井市土橋遺跡出土の「國厨」銘
　墨書土器について……永井義博

◆帝塚山考古学　No.5　帝塚山考
古学研究所　[1985年1月　B5
判　153頁
縄文人とトチの実………渡辺誠
稲作の北進………工楽善通
デルタ地帯に住んだ人びと
　………………中西靖人
弥生時代の墓………瀬川芳則
銅鐸の鋳型について……田代克己
銅鐸の製作開始の年代
　………………岩永省三

鏡の舶載と仿製………古田武彦
東北アジアの青銅器の製作技術
　………………岡内三真

◆東大阪市文化財協会紀要　1
東大阪市文化財協会　1985年2月
A5判　186頁
神並遺跡出土の押型文土器
　………………下村晴文
馬場川遺跡出土の「不定形石器」
　とその諸変異………松田順一郎
土器のかたち一畿内第1様式古・
　中段階について一………深澤芳樹
土器の移動についての一考察一庄
　内式土器を中心として一
　………………阿部嗣治
須恵器出現期の土師器一煮沸用土
　器を中心に一………中西克宏
大賀世2号墳・3号墳出土の遺物
　について
　………上野利明・中西克宏
東大阪市内出土の製塩土器Ⅱ
　………………才原金弘

◆待兼山論叢　第18号　大阪大
学文学会　1985年1月　A5判
69頁
原始・古代における弓の発達一と
　くに弭の形態を中心に一
　………………松木武彦

◆考古学研究　第31巻第4号
考古学研究会　1985年3月　A5
判　138頁
家形埴輪の配置と古墳時代豪族の
　居館………小笠原好彦
「サケ・マス」の評価と今後の展
　望………………松井章
乱場堂遺跡におけるエンド・スク
　レイパーの属性分析
　………………簗瀬祐一
集安における高句麗遺跡調査の成
　果………………西川宏

◆九州大学九州文化史研究所紀要
第30号　九州大学九州文化史研
究施設　1985年3月　A5判
294頁
下江津湖湖底遺跡出土刻目突帯文
　土器の検討（二）
　………………西健一郎
玄界灘式製塩土器（中）
　………………横山浩一
新安海底発見の木簡について
　………………西谷正

103

学界動向

「季刊 考古学」編集部編

―――――沖縄・九州

「広田下層タイプ」の貝札 沖縄県久米島具志川村教育委員会が沖縄県教育委員会の指導を受けて発掘調査を実施している同村清水貝塚で，沖縄で初めての「広田下層タイプ」の貝札（符）が5点出土したほか，「広田上層タイプ」貝札4点，ヤコウガイ製の貝匙，ジュゴンの肋骨？製ヤス状骨器，貝輪，土器（尖底土器を主体とする），石斧，磨石，敲石なども出土している。とくに，従来沖縄では出土例のなかった「広田下層タイプ」の貝札（符）には，古代中国の青銅器などによく見られる饕餮（とうてつ）文にその源流が求められると言われている精巧で華麗な文様が施されているが，5点とも各々そのモチーフが異なる。清水貝塚は，久米島の南海岸，清水小学校付近の砂丘地に形成された沖縄貝塚時代後期の貝塚である。その堆積層は，最も厚いところで2m余にもおよび，白砂の間層をはさんで3〜4枚の文化層が認められるが，上層と下層では出土遺物の型式や種類に変化がみられる。上層は，弥生時代中〜後期相当期であるが，下層は縄文時代晩期にまで遡る可能性もある。

縄文前期の住居跡 鹿児島県曾於郡松山町教育委員会が県教育委員会の協力で調査を進めている同町泰野の前谷遺跡から縄文時代前期の住居跡数軒が発見された。住居跡は円形プランと隅丸方形プランとがあり，出土した土器の大半は春日式土器で，キャリパー形をなし，貼り付け突帯・連点文・沈線文などを施し，全面を貝殻で器面調整している。そのほか磨製石斧，石鏃，石匙，磨石，叩石などの石器も多数出土した。

弥生中期の鐸形土製品 佐賀県教育委員会が発掘調査を進めている佐賀県三養基郡三根町の本分遺跡で弥生時代中期前半から中頃と推定される鐸形土製品が発見された。本分遺跡は佐賀平野の低湿地帯に位置し，弥生時代の代表的な貝塚がある。鐸形土製品は破片3点が土壙中の大量の土器に混じって出土した。1点は釣鐘状の上部で高さ4cm。別の2点はともに下部に当たる部分で接合可能。形態的特徴から2個体分と考えられる。鐸形土製品は全国で20例ほどあるが，今回の例は朝鮮式小銅鐸にきわめて近いタイプである。

博多から14世紀の掘割 福岡市・博多遺跡群の御供所町遺跡から現在の街並みと全く同じ方向を通っている14世紀の掘割が発見された。同遺跡は福岡市教育委員会が民間ビルの建設工事に伴って行なっているもので，地表下約2mのところから幅3〜4m，深さ約1.5m，長さ約40mにわたって土師製の坏や皿を伴った14世紀の掘割が発見された。断面はほぼV字形で，溝面に補強工事をしたような痕跡はなかった。南北線から西へ約40°振れており，現在の街並みと完全に一致しているところから，この掘割は太閤街割の元になり，現在の博多の街並みの原形になる可能性がでてきた。同遺跡ではこのほか，13〜14世紀の鍛冶屋跡，13世紀の瓦片をびっしり敷きつめた作業所や土製の吹子，鉄滓も出土した。

椿井大塚山の同笵鏡 福岡市教育委員会が重要遺跡の確認調査を行なっていた福岡市博多区那珂の那珂八幡古墳（現存長64m，推定長約80m）から三角縁神獣鏡が出土，京都府椿井大塚山古墳，岡山県車塚古墳など4例の出土鏡と同笵であることがわかった。直径21.8cmの五神四獣鏡で，保存がよく，麻と思われる鈕についた紐も残っていた。鏡は後円部墳頂にある八幡社社殿のやや北側から出土した木棺墓に副葬されていたもので，小型のヒスイ製勾玉1点，管玉なども伴出した。木棺のすぐ横からは主体部と思われる落ち込み（6×？m）の一部もみつかっており，木棺は追葬と考えられる。また同墳は周溝を伴っている可能性が強い。また前方部の大部分は隣の保育所の敷地に入っているためくびれ付近の一部分しか調査されなかったが，前方後円墳最古のバチ型である可能性が高いものと発掘結果から推測できる。

内行花文鏡の鋳型 春日市教育委員会が発掘調査を進めている同市日の出町6丁目の須玖永田（すくえいだ）遺跡から弥生時代後期後半の小形仿製鏡の石製鋳型2片が出土した。鋳型は砂岩系のもので，1片は5.2×6.9cm，厚さ3.3cmの湯口を含む部分。もう1片は5.9×4.2cm，厚さ3.3cmで，荒い斜行櫛歯文が刻まれていた。この2片から復元された鋳型で製造された鏡は直径8cm前後の内行花文鏡で，福岡県田主丸町大井と長崎県美津島町高浜出土のものによく似ている。このほか広型銅矛と銅鏃先の製造に使われたとみられる中子も出土，いろいろな青銅器を鋳造していた可能性が強い。須玖永田遺跡は須玖岡本遺跡の北300mにあり，これまで掘立柱建物跡15棟や土壙，井戸，溝などが発見されている。

筑後国府の政庁跡 筑後国府と推定されている福岡県久留米市御井町の市立南筑高校内の横道遺跡で，久留米市教育委員会による発掘調査が行なわれ，政庁跡とみられる建物跡群を発見した。四方に廂をつけた建物跡（7.2m×8.2m）や細長い建物跡（13.6m×3.9m）など7棟分が確認されたもので，いずれも以前発掘された廂付きの建物を中心軸として，軸線上

や左右対称の形で北向きに整然と配置されており，とくに細長い3棟分はコの字形に並んでいた。また周辺には幅1～6mの溝2本が東西に走っていた。官衙に典型的なコの字形配置の建物や溝の存在からみて国府の中心建物群とみられる。また年代としては土師器皿片の出土から平安時代後半～鎌倉時代とみられている。筑後国府は『筑後国検交替使実録帳』の存在から鎌倉時代まで存在したことが知られているが，今回の調査でそれが裏づけられた。

──────── 中国地方

銅鐸と銅矛が伴出　昨年夏，銅剣358本が発見された島根県簸川郡斐川町神庭西谷の荒神谷遺跡でその6m東側から銅鐸6点と，さらにその東側に接するようにして銅矛18本が発見された。銅鐸は山の斜面に鈕を突っ込んだ形ではぼ地表に水平に置かれ，全長21.5cmから24cmあまりの小型の部類に属すもの。また銅矛は切先と袋部が交互に並べられており，長さ69.5cmから84cmほどの中広型に属するもの。銅剣，銅鐸，銅矛はともにほぼ同じレベルの谷斜面にあり，出土した深さも40～50cmとほぼ等しいことから，ほとんど同時期に埋められたとみられている。

弥生前期の配石墓　島根県簸川郡大社町修理免の原山遺跡で大社町教育委員会による発掘調査が行なわれ，弥生時代前期の配石墓群が発見された。同遺跡は出雲大社から南東へ約0.9kmの古代の入海沿岸にあたる砂丘地帯で，南北約15m，東西約2.5mの範囲内に配石墓6基が確認された。1基は約1m四方に人頭大から直径40cmほどの水成岩20数個ずつが並べられており，中には立石だったと思われる長大な石もあっ

た。石の間から出土した土器片から4基は弥生時代前期，ほぼ完形の壺を伴った1基は同後期，残りの1基は不明だった。出雲大社近くの末社・命主社境内からは江戸時代に銅戈などの青銅器4本が出土しており，また一帯からは山陰最古の弥生土器もみつかっていることから，この地方が弥生文化の先進地だったとみられている。

西川津から袋状鉄斧　島根県教育委員会が発掘調査を進めている松江市西川津町の西川津遺跡海崎地区で弥生時代中期の鉄製斧の一部が発見された。斧は縦6cm，幅3cm，厚さ2～5mmで，弥生時代中期後半の地層から土器や鋤・鍬など多量の木製農耕具の未成品とともに出土した。袋状をなしていることや外面に2条の突帯があることなどから大陸から直接もたらされた可能性もある。なお復元後の斧は長さ12～13cm，幅7～8cmと推定された。また同遺跡中央の溝状遺構からは弥生時代中期の石剣2本も出土している。小型のものは完形品で長さ8.5cm，最大幅3.7cmで直径2mmの孔が2つあいている。他の1本は長さ8cmの破片で，いずれも泥岩状暗灰色の水成岩製だった。

──────── 四国地方

箱式石棺に弥生人の顔　香川県善通寺市仙遊町の民家改築工事現場で箱式石棺がみつかったことから善通寺市教育委員会が調査を行なったところ，石棺の蓋石（長さ93cm，幅50cm）の中央に約10cm大の人の顔が線刻されていることがわかった。目，鼻，口，耳が描かれているほか，入墨と思われる痕も認められ，人の顔をモチーフにしていることは明らか。石棺の近くから高坏，器台土器，鉢，甕，小児用壺棺3基などがみつかったことから弥生時代後期と

みられる。長さ1.7mの石棺は7枚の安山岩を組み合わせたもので，側壁石7枚全部と蓋石の計8枚に線刻画が認められた。側壁石は直線と曲線の連続模様である。

──────── 近畿地方

木箱入りの副葬品　弥生時代から平安時代までの複合遺跡である大阪府豊中市上津島1の上津島南遺跡で豊中市教育委員会による発掘調査が行なわれ，平安時代の土壙墓4基が発見された。うち1基からは膝を折った人骨の頭部右側に22cm×27cm，高さ5cmの木箱が出土し，中には中国製白磁の椀半分（直径16cm）と小壺（直径5cm）およびその蓋が入っていた。鏡を納めた木箱の例は古墳時代にあるが，平安時代の副葬品の木箱はほとんど例がない。墓は底板（幅約10cm）5枚を敷いた上に遺体を寝かせて木蓋をかぶせたもので，その構造がよく残っていた。また他の3基からも人骨が出土した。

6世紀の屋根つき鍛冶工房　柏原市平野2丁目の大県遺跡で柏原市教育委員会による発掘調査が行なわれ，古墳時代の鍛冶工房跡がほぼ完全な形で検出された。工房は南北6.5m，東西8mで，周囲に覆い屋根をかけた柱の穴跡が15カ所あり，その内側には幅30～50cm，深さ20～40cmの溝がめぐらされていた。工房のほぼ中央に一辺40cmの半地下式炉が築かれ，その底には鉄滓が発見された。また炉の北側2mには一辺40cm，高さ30cmの鉄を鍛えた金床台が残っており，伴出土器から6世紀後半のものとみられる。溝の中から刀片1点，釘2点のほか，各種の卜石が多数出土しているため，この工房では刃物類を作っていたとみられる。物部氏の支配下で鉄製武器を製作していた渡

学界動向

来系鍛冶技術集団の存在が予想される。

方形周溝墓から銅鐸 桜井市教育委員会が発掘調査を続けている桜井市大福の大福遺跡で、弥生時代後期の方形周溝墓から埋納された状態の銅鐸1個が発見された。現場は大福遺跡の北端にあたる大福小学校の一角で、2基みつかった方形周溝墓のうち、一辺11mの方形周溝墓（周溝は逆コの字形）の溝の底部に埋納坑を掘り横に倒した形で発見された。周囲を粘土で巻き、固定するていねいな方法で埋めてあり、銅鐸が方形周溝から出土し、埋納時期の明確なのは初めての例。長さ約45cm、鈕の高さ12.5cm、底径は16cmの袈裟襷文銅鐸である。

長岡京跡から資材の送り状 向日市教育委員会が市民体育館建設に伴って調査を行なっている向日市鶏冠井町十相11―1の長岡京跡で左京南一条二坊十一町の南一条条間大路南側溝から木簡5点が出土した。1点は長さ24.9cmで「進上政所歩板捌枚箸□参村東柱拾根薦陸束朓木貳村斗木村箕形板貳枚 右載□開□車一両」と計39文字が認められた。造営関係の役所への朓木、斗などの送り状とみられる。とくに「箕形板」は文献でも知られていない用語で、建築部材と考えられ、建築史からも貴重な木簡として注目される。残り4点は税荷札・物品付札の類である。

福永御厨跡を確認 平安時代に朝廷、神社などに献上する食糧を調達、まとめる出先機関である御厨（みくりや）跡と推定される建物群が滋賀県長浜市新庄馬場町から発見された。現場は国鉄長浜駅の北約3kmの水田で、近くで白鳳時代の瓦片などが出土することから滋賀県文化財保護協会が調査を行なっていた。建物跡は5間×2間の大型のもの2棟と2間×2間の小型のもの3棟で、柱跡から計17本の柱残欠（直径35～25cm）と柱下の礎板3枚のほか、平安時代初期の墨書土器5点、転用硯などが出土、うち2点には「北家」「平福□」の墨書があった。遺跡は『鎌倉遺文』に記載されている「福永御厨」に間違いないものとみられる。『鎌倉遺文』の「伊勢神宮神領注文」では同御厨の成立を延久年間（1069～1073年）としている。

―――――中部地方

東向野遺跡発掘調査終了 福井県坂井郡丸岡町教育委員会が進めていた同町小黒の東向野遺跡の発掘調査が7月末終了し、多くの遺物や長方形柱穴列が確認された。同遺跡は縄文時代中期大杉谷式期の集落跡で、石組の炉跡を伴った竪穴式住居跡が円形に広がり、そのほぼ中央部で長方形柱穴列がみつかった。直径約1.5m、深さ約1mの柱穴が約5m幅で2列に8個ずつ並んでいる。そのほか、直径1～1.3mの土壙が40数基や重弧文土器を使った埋甕のほか、多くの土器片や石鏃、石斧、石皿、敲石などが発見された。

13世紀の中国青磁碗 6月から進められていた加賀市教育委員会による同市勅使町の勅使館跡の第3次調査で、鎌倉時代13世紀に製作されたとみられる中国青磁の碗の破片が発見された。出土した場所は建物跡と倉庫跡の間で、復元すると直径15cm、高さ8cmのかなり大ぶりの碗。13世紀を特徴づける雲花文が施されていた。同遺跡からは前回の勅使小学校新築に伴う調査で、掘立て柱建物跡14棟、土壙20カ所、柵跡5カ所、石組遺構3カ所、石列遺構2カ所が確認され、内郭、北郭、南郭の連郭配置による館跡であることがわかった。今回の調査ではさらに東郭が検出され、建物跡14棟、土壙7カ所、柵跡多数を検出し、東西150m、南北180mに及ぶ規模が確認された。

平安後期の人骨 甲府市教育委員会が進めている甲府市朝気1丁目の朝気遺跡第5次発掘調査で、平安時代後半と考えられる人骨1体がほぼ完全な状態で発見された。人骨は長さ2.15m、幅80cmの土坑の中から頭を北に顔を西に向けて発見された。聖マリアンナ医科大学森本岩太郎教授の鑑定によると、身長160～165cmの男性で、年齢30～40歳という。平安時代末期の住居跡がすぐ上に重なっていることや、土器の出土から平安時代後半と推定された。このほか同遺跡からは弥生時代末期の大型壺を用いた合口式の土器棺と副葬品のガラス玉、古墳時代後期のヒョウタンの実や桃・クルミ・トチ・米などの種子および田舟・人形などの木製品、平安時代の石帯、水晶玉、緑釉陶器などが出土した。

―――――関東地方

6世紀前半の鳥形埴輪 埼玉県埋蔵文化財調査事業団が国道254号線の拡幅工事に伴って発掘調査を行なっている東松山市古凍の宿東遺跡で、推定直径約25mの帆立貝式古墳から鳥形埴輪がほぼ原形のまま発見された。埴輪は同古墳南側の造出し部分で周濠に落ち込むような形で発見されたもので、総高36.5cm、口ばしから尾までの長さ33.5cmで、円筒埴輪の台上に鶏冠あるいは冠毛と思われる凸部をつけた鳥がのっている。この埴輪の時代は6世紀前半ごろに比定されているが、今回の調査では方形周溝墓11基、住居跡3軒なども発見された。

——————— 東北地方

奈良～平安の製鉄炉 福島県相馬郡新地町の向田，武井遺跡で福島県文化センターが相馬地域開発事業に伴う発掘調査を行なった結果，向田E，向田F，武井Bの3遺跡から，奈良時代中期～平安時代初期の製鉄炉8基と木炭窯33基，竪穴住居跡6基などが発見された。中でも製鉄炉は8基のうち4基が西日本に多い長方形炉で，炉底部は長さ1.8m，幅60cmで高さは推定50cm。湯道や砂鉄置き場，屋根をかけた柱跡，羽口などのほか，炉の下にひと回り大きな長方形の基底部が検出された。焼け土や炭が詰まっており湿気を防いだらしい。製鉄炉を中心に燃料となる木炭窯や住居跡を伴っているところから，現場は製鉄の一大中心地をなしていたらしい。

平安時代の土坑墓群 福島県文化センターでは福島県教育委員会の委託をうけて国営総合農地開発事業母畑（ぼばた）地区の遺跡を調査中であるが，玉川村兎喰遺跡から平安時代の土坑墓を発掘した。土坑墓は，阿武隈川を望む丘陵上2カ所から16基発見された。標準規模は長さ1.7～2.0m，幅1.2mで，8基の土坑は，ロクロ土師器杯を伴出し，平安時代の土坑墓群と推定される。

大湯環状列石からカメ棺 鹿角市教育委員会が発掘調査を進めている国指定特別史跡・大湯環状列石の周辺遺跡で，配石遺構の下から2基のカメ棺が発見された。現場は鹿角市十和田大湯字一本木後ロ102で，大湯ストーンサークルの墓地説が裏づけられたとともに，成立年代も従来からいわれてきた通り，縄文時代後期であることがわかった。12号配石遺構のカメ棺は直立の状態で出土し，口縁には蓋石と考えられる扁平な石

が置かれていた。また16号配石遺構のカメ棺は横転した状態で出土した。無文の深鉢形土器で底部には網代痕を有する。こうしたカメ棺は青森県堀口1号遺跡や薬師前遺跡でもみつかっているが，同遺跡から人骨は発見されなかった。

堂林式期の住居跡 青森県東津軽郡平館村今津の尻高（4）遺跡で，本州で初めて北海道の縄文時代後期堂林式土器多数を伴う住居跡2軒が発見され，北海道と下北半島の交流が改めて裏づけられた。楕円形プランをなし，主柱4本の中央に炉を設けている。また付近から出土した縄文時代の一般的な竪穴住居跡4軒のうち，3軒にはっきりした入口の跡が認められた。対になった柱穴跡が残っていて入口の支柱とわかったもので，いずれも南を向いていた。

縄文晩期の鬲状三足土器 青森県埋蔵文化財調査センターが国道280号線改良工事に伴う発掘調査を進めている青森県東津軽郡平館村の今津遺跡で，縄文時代晩期大洞C_2式土器に伴って「鬲状三足土器」ともよぶべき三本足の土器が発見された。高さ11.4cm，最大径12.6cmの小ぶりな器だが，中空で，上部には平行沈線文や工字文，縄文などが施され，表面には赤色顔料が塗られていた。類似の土器は大分県秋葉遺跡に出土例があるが，これは袋状の足の一部が1個ただけ。もし古代中国の鬲の影響をうけたものであるとするなら，昭和の初めに喜田貞吉博士が指摘した有足土器の中国先史文化の影響を裏づけるものとして注目される。同遺跡からは縄文時代後期の土壙1基，埋設土器2点，晩期の土壙12基，屋外石囲炉4基，土器・石器の捨て場が発見されたほか，遺物として腰に手をおいた土偶（高さ20.5cm）や最大径4.5cmの土面なども出土

した。

中期～晩期の縄文集落 大鰐あじゃら公園の拡張工事に伴って青森県南津軽郡大鰐町教育委員会が発掘調査を行なっている同町大鰐上牡丹森の上牡丹森遺跡で，縄文時代の竪穴住居跡17軒（径7.4mくらい），集石遺構18基，フラスコ型ピット12基，屋外炉1と平安時代の住居跡1軒が発見された。縄文時代の住居跡は中期，後期，晩期と継続して作られており，未発掘の西側部分にはさらに集落が広がっているものとみられる。出土品には石棒，スタンプ状土製品，台付土器，アスファルト，それに土偶2点などがあり，とくに土偶は屋外炉から伏せた状態で出土した。

——————— 学会・研究会ほか

日本考古学協会昭和60年度大会
10月26日～28日の3日間，奈良市三条大路1—5—37の奈良市史跡文化センターを会場に行なわれる。今回の共通テーマは「東アジアと日本」。第1日目は午後から研究発表，2日目は9時から研究発表と公開講演，3日目に見学会が行なわれる。また図書頒布は27日のみ，26～27日の2日間は会場で奈良市埋蔵文化財センター発掘資料の展示と最近発掘の全国重要遺跡に関する速報掲示も行なわれる。会場は近鉄新大宮駅下車，西へ徒歩13分。

千々和 実氏 昭和60年9月5日，肝不全のため横浜市の自宅で死去された。82歳。東京学芸大学名誉教授。明治36年福岡県生まれ。東京文理大学卒業。中世の金石文とくに武蔵国や下野国に分布する板碑の集録に力を注ぎ，『武蔵国板碑集録』は3冊，『下野国板碑集録』は上下2冊が刊行された。

■第14号予告■

特集　弥生人は何を食べたか

1986年1月25日発売
総108頁　1,500円

弥生人の食料………………………甲元真之
弥生時代の食料
　コ　メ………………………………田崎博之
　畑作物…………………………………寺沢　薫
　堅果類…………………………………渡辺　誠
　狩猟・漁撈対象物……西本豊弘・剣持輝久
初期段階の農耕
　中　国………………………………西谷　大
　東南アジア…………………………新田栄治
　西アジア……………………………常木　晃
　イギリス……………………………甲元真之
弥生併行期の農耕
　北海道………………………………木村英明
　南　島………………………………木下尚子

朝鮮半島………………………………後藤　直
中　国…………………………………飯島武次
沿海州…………………………………加藤晋平
西北ヨーロッパ………………………西田泰民
アメリカ………………………………小谷凱宣

<講　座>　考古学と周辺科学　9
　　　　　歴史学 1─古代……宮本　救
<調査報告>　島根県西川津遺跡ほか
<書　評>
<論文展望>
<文献解題>
<学界動向>

編集室より

◆考古学が，その歴史解明の重要な一翼をになっていることは，本誌をみれば明らかであろう。江戸時代とはいえ，残されている文書史料にはかぎりがある。また記録があったとしても，それだけで物の明瞭な形や息吹きを再現するのはまことに困難である。そうした意味でも，考古学の歴史そのものを発掘する学問的方法論的威力にはおそるべきものがあるといえる。本誌にはそうした事例が満ちあふれている。考古学研究者ばかりでなく，文献史学を志すひとたちにも，是非お読みになっていただきたい

と思うのは私だけであろうか。　　　　　　　　（芳賀）
◆江戸時代は日本の考古学でも現代にもっとも近い時代として重要な位置を占めている。しかし例えば，江戸の街は21世紀も近い現在の東京の町と全く同じ場所に位置するのだから，京都同様，再開発に伴う調査しか許されない。まさに点と点とをつないで江戸時代を再現していくのである。ややもすれば片隅に追いやられがちな近世の遺物にも人が生きた証しとして，何千年も前の遠い過去の遺物と同じ重みがある。遺構・遺物とも桁違いに豊富な近世考古学は今後大いに注目されるだろう。　　　　（宮島）

本号の編集協力者──加藤晋平（筑波大学教授）
1931年東京都生まれ，東京大学卒業。「マンモスハンター」「シベリアの先史文化と日本」「日本の旧石器文化」「縄文文化の研究」「環境考古学」などの著書・編・訳がある。
　古泉　弘（東京都教育委員会学芸員）
1947年東京都生まれ，駒沢大学卒業。「葛西城」「江戸を掘る」「近江水口煙管考」（貝塚 24）などの著書・論文がある。

■ 本号の表紙 ■
江戸と江戸城

　太田道灌によって礎を築かれた江戸城は，徳川家康の入国によって，一大近世城郭へと発展する。城を中心として江戸の市街が形成され，数多くの人々が悲喜こもごもの生活を送った。今日，かつての八百八町にはビルが林立し，江戸城の壮大な殿閣は，まったくその跡をとどめない。
　ところが考古学は，こうした都心部にも着実にその手を伸ばしている。写真は千代田区北の丸竹橋門地区の発掘現場（東京国立近代美術館内）から，大手町のオフィス街を臨む。竹橋門地区の調査では，近世および中世の諸遺構が検出され，江戸城の地下遺構が，予想以上に良好に残されていることが確かめられた。
　　　　　　　　　　　　　　　　　　　（古泉　弘）

▶本誌直接購読のご案内◀

　『季刊考古学』は一般書店の店頭で販売しております。なるべくお近くの書店で予約購読なさることをおすすめしますが，とくに手に入りにくいときには当社へ直接お申し込み下さい。その場合，1年分 6,000円（4冊，送料は当社負担）を郵便振替（東京3-1685）または現金書留にて，住所，氏名および『季刊考古学』第何号より第何号までと明記の上当社営業部までご送金下さい。

季刊 考古学　第13号　　　　1985年11月1日発行
ARCHAEOLOGY　QUARTERLY　　定価 1,500円

編集人　芳賀章内
発行人　長坂一雄
印刷所　新日本印刷株式会社
発行所　雄山閣出版株式会社
　　　〒102　東京都千代田区富士見 2-6-9
　　　電話 03-262-3231　振替　東京 3-1685
◆本誌記事の無断転載は固くおことわりします。
ISBN 4-639-00520-2　printed in Japan

季刊 考古学　オンデマンド版　第 13 号	1985 年 11 月 1 日　初版発行
ARCHAEOROGY　QUARTERLY	2018 年 6 月 10 日　オンデマンド版発行

定価（本体 2,400 円 + 税）

編集人　　芳賀章内

発行人　　宮田哲男

印刷所　　石川特殊特急製本株式会社

発行所　　株式会社　雄山閣　http://www.yuzankaku.co.jp

　　　　　〒 102-0071　東京都千代田区富士見 2-6-9

　　　　　電話 03-3262-3231　FAX 03-3262-6938　振替　00130-5-1685

◆本誌記事の無断転載は固くおことわりします　　ISBN 978-4-639-13013-0　Printed in Japan

初期バックナンバー、待望の復刻!!

季刊 考古学 OD　創刊号～第 50 号〈第一期〉

全 50 冊セット定価（本体 120,000 円＋税）　セット ISBN：978-4-639-10532-9

各巻分売可　各巻定価（本体 2,400 円＋税）

号　数	刊行年	特集名	編　者	ISBN（978-4-639-）
創刊号	1982 年 10 月	縄文人は何を食べたか	渡辺 誠	13001-7
第 2 号	1983 年 1 月	神々と仏を考古学する	坂詰 秀一	13002-4
第 3 号	1983 年 4 月	古墳の謎を解剖する	大塚 初重	13003-1
第 4 号	1983 年 7 月	日本旧石器人の生活と技術	加藤 晋平	13004-8
第 5 号	1983 年 10 月	装身の考古学	町田 章・春成 秀爾	13005-5
第 6 号	1984 年 1 月	邪馬台国を考古学する	西谷 正	13006-2
第 7 号	1984 年 4 月	縄文人のムラとくらし	林 謙作	13007-9
第 8 号	1984 年 7 月	古代日本の鉄を科学する	佐々木 稔	13008-6
第 9 号	1984 年 10 月	墳墓の形態とその思想	坂詰 秀一	13009-3
第 10 号	1985 年 1 月	古墳の編年を総括する	石野 博信	13010-9
第 11 号	1985 年 4 月	動物の骨が語る世界	金子 浩昌	13011-6
第 12 号	1985 年 7 月	縄文時代のものと文化の交流	戸沢 充則	13012-3
第 13 号	1985 年 10 月	江戸時代を掘る	加藤 晋平・古泉 弘	13013-0
第 14 号	1986 年 1 月	弥生人は何を食べたか	甲元 真之	13014-7
第 15 号	1986 年 4 月	日本海をめぐる環境と考古学	安田 喜憲	13015-4
第 16 号	1986 年 7 月	古墳時代の社会と変革	岩崎 卓也	13016-1
第 17 号	1986 年 10 月	縄文土器の編年	小林 達雄	13017-8
第 18 号	1987 年 1 月	考古学と出土文字	坂詰 秀一	13018-5
第 19 号	1987 年 4 月	弥生土器は語る	工楽 善通	13019-2
第 20 号	1987 年 7 月	埴輪をめぐる古墳社会	水野 正好	13020-8
第 21 号	1987 年 10 月	縄文文化の地域性	林 謙作	13021-5
第 22 号	1988 年 1 月	古代の都城―飛鳥から平安京まで	町田 章	13022-2
第 23 号	1988 年 4 月	縄文と弥生を比較する	乙益 重隆	13023-9
第 24 号	1988 年 7 月	土器からよむ古墳社会	中村 浩・望月 幹夫	13024-6
第 25 号	1988 年 10 月	縄文・弥生の漁撈文化	渡辺 誠	13025-3
第 26 号	1989 年 1 月	戦国考古学のイメージ	坂詰 秀一	13026-0
第 27 号	1989 年 4 月	青銅器と弥生社会	西谷 正	13027-7
第 28 号	1989 年 7 月	古墳には何が副葬されたか	泉森 皎	13028-4
第 29 号	1989 年 10 月	旧石器時代の東アジアと日本	加藤 晋平	13029-1
第 30 号	1990 年 1 月	縄文土偶の世界	小林 達雄	13030-7
第 31 号	1990 年 4 月	環濠集落とクニのおこり	原口 正三	13031-4
第 32 号	1990 年 7 月	古代の住居―縄文から古墳へ	宮本 長二郎・工楽 善通	13032-1
第 33 号	1990 年 10 月	古墳時代の日本と中国・朝鮮	岩崎 卓也・中山 清隆	13033-8
第 34 号	1991 年 1 月	古代仏教の考古学	坂詰 秀一・森 郁夫	13034-5
第 35 号	1991 年 4 月	石器と人類の歴史	戸沢 充則	13035-2
第 36 号	1991 年 7 月	古代の豪族居館	小笠原 好彦・阿部 義平	13036-9
第 37 号	1991 年 10 月	稲作農耕と弥生文化	工楽 善通	13037-6
第 38 号	1992 年 1 月	アジアのなかの縄文文化	西谷 正・木村 幾多郎	13038-3
第 39 号	1992 年 4 月	中世を考古学する	坂詰 秀一	13039-0
第 40 号	1992 年 7 月	古墳の形の謎を解く	石野 博信	13040-6
第 41 号	1992 年 10 月	貝塚が語る縄文文化	岡村 道雄	13041-3
第 42 号	1993 年 1 月	須恵器の編年とその時代	中村 浩	13042-0
第 43 号	1993 年 4 月	鏡の語る古代史	高倉 洋彰・車崎 正彦	13043-7
第 44 号	1993 年 7 月	縄文時代の家と集落	小林 達雄	13044-4
第 45 号	1993 年 10 月	横穴式石室の世界	河上 邦彦	13045-1
第 46 号	1994 年 1 月	古代の道と考古学	木下 良・坂詰 秀一	13046-8
第 47 号	1994 年 4 月	先史時代の木工文化	工楽 善通・黒崎 直	13047-5
第 48 号	1994 年 7 月	縄文社会と土器	小林 達雄	13048-2
第 49 号	1994 年 10 月	平安京跡発掘	江谷 寛・坂詰 秀一	13049-9
第 50 号	1995 年 1 月	縄文時代の新展開	渡辺 誠	13050-5

※「季刊 考古学 OD」は初版を底本とし、広告頁のみを除いてその他は原本そのままに復刻しております。初版との内容の差違は
　ございません。

「季刊 考古学　OD」は全国の一般書店にて販売しております。なるべくお近くの書店でご注文なさることをおすすめしますが、とくに手に入り
にくいときには当社へ直接お申込みください。